쉽고 간결한
한국어 문법과 표현

박덕유

이옥화

저

박문사

쉽고 간결한 **한국어 문법과 표현**

초판인쇄 2021년 03월 17일
초판발행 2021년 03월 23일

저 자 박덕유·이옥화
발행인 윤석현
발행처 도서출판 박문사
등록번호 제2009-11호
우편주소 서울시 도봉구 우이천로 353
대표전화 (02)992-3253
전 송 (02)991-1285
전자우편 bakmunsa@daum.net
책임편집 박희숙·김민경

ISBN 979-11-89292-79-9 13700

정가 18,000원

● 머리말

　우리가 살아가는 삶에도 원리가 있듯이 모든 학문은 원리와 실제로 이루어진다. 그러므로 외국어로서의의 한국어를 배우는 데도 원리를 익혀야 하는데 그것이 문법이다. 일반적으로 문법은 딱딱하고 매우 어려운 영역으로 생각하기 때문에 회피하는 경향이 많다. 따라서 많은 사람들은 귀납적인 학문의 입장에서 의사소통을 중시하여 문법은 자연적으로 체득하는 것으로 생각한다. 그러나 이는 언어를 습득하는 차원에서 가능한 것이다. 외국어를 학습하는 한국어교육에서는 오히려 연역적인 특성이 더 강해 문법의 원리 학습을 선행하는 것이 외국어를 잘 배울 수 있는 첩경일 수 있다.

　당구를 잘 치는 비결은 무조건 당구를 많이 치는 것이 능사가 아니다. 당구를 잘 치는 비결에도 원리가 있다. 당구의 원리를 먼저 학습하고 당구를 치면 당구를 훨씬 잘 칠 수 있다. 이는 언어생활에도 그대로 적용된다. 말하고 듣기에도 원리가 있고, 읽고 쓰기에도 원리가 있듯이 의사소통의 기저에 문법의 원리가 있기 때문에 문법의 기초를 학습하는 것이 매우 중요하다.

본서는 크게 한국어 문법의 이론과 실제로 나누어 구성하였다. 그 이론의 틀은 학교문법의 체계를 따랐다. 학교문법은 문법의 용도 내지는 목표 면으로 볼 때 실용문법으로 우리의 언어생활을 올바르게 하기 위하여 규칙을 정하고, 학교 현장에서 교육하는 문법이므로 학교문법(school grammar) 또는 교육문법(didactic grammar)이라고 한다. 따라서 학교문법은 학습자들로 하여금 정확하고 효율적인 언어생활을 할 수 있도록 내용을 통일적으로 체계화시킨 문법이므로 그 내용은 문법학자의 학문적인 연구체계일 수 없고, 어느 개인이나 학파의 독단적 학설이나 체계일 수도 없다. 특히, 우리말은 정서적 언어의 특징을 지니고 있어서 논리성이 결여되기 쉽고, 이는 곧 현대국어의 혼란성으로 연계된다. 그러므로 한국어를 배우려는 학습자들은 문법교육을 단계적으로 교육함으로써 지적 수준을 높이고 체계화하여 그 문법 지식을 실제 언어생활에 적용할 수 있도록 해야 할 것이다.

더욱이 21세기의 언어는 컴퓨터와 인터넷의 보급으로 일상적인 언어를 온라인상에서 사용하기 쉽게 변형시켜 어법에 상관없이 편리하게 사용하고 있어 '어법에 맞지 않은 표현'이 상당히 많아 우리 언어의 파괴 현상으로까지 치닫고 있는 실정이다. 이러한 상황 속에서 외국어로서의 한국어를 배우려는 학습자들은 한국어를 정확하고 바르게 사용하도록 문법을 학습해야 한다.

본서는 『한국어 문법의 이론과 실제』(2013, 박문사)의 틀을 유지하되 대폭 수정 및 보완하였으며, 특히 〈표현〉 부분을 완전히 새롭게 구성 집필하여 신판으로 발간하게 되었다. 이에 본서의 특징은 다음과 같다.

첫째, 한국어 문법에 관심 많은 학습자들이 독학으로도 학습할 수 있도록 기초적인 내용부터 실었다. 둘째, 보다 심화된 학습 내용을 알고 싶어

하는 독자를 위해 '참고'에 더 알아야 할 내용을 실었다. 셋째, 문법의 이론적 내용을 '발음', '단어', '문장' 순으로 하되, 이론과 실제를 병용하는 학습법을 따랐다. 예를 들어 '음운' 편에서는 음성과 음운, 음절구조, 받침, 음운 규칙 등 이론을 제시하고, 이를 이해하기 쉽도록 모음과 자음을 쓰는 순서와 음절을 만드는 방법의 실제를 제시하였다. 넷째, 실제 편인 '표현'에서는 외국인 학습자들이 많이 사용하는 '진행, 정도, 추측, 순서, 목적, 강조, 당위' 등 36개의 주제별 문법 항목을 만들고, 각 항목마다 급수별(초급, 중급, 고급)로 더 세분하여 세부 항목마다 '의미, 문법 형태, 사용, 속담과 관용구의 표현' 영역으로 나누어 구체적인 내용을 제시하였다.

문법은 어려운 것이 아니라 도움을 주는 안내서로 보아야 한다. 낯선 산을 등산하려면 반드시 그 산의 안내도를 먼저 익혀야 하듯이 문법을 학습하는 것은 반드시 필요한 일이다. 본서가 외국인들에게 한국어 문법을 가르치려는 교사들의 지침서요 그 안내서가 되기를 기대한다. 아울러 본서를 출판해 주신 박문사의 윤석현 사장님과 박희숙 실장님을 비롯하여 편집자 관계자 분들께 진심으로 고마움을 전한다.

2021년 1월

저자 씀

● 차례

제 1 장 음운

쉽고 간결한 한국어 문법과 표현

제1장

음운

1 음성과 음운

1.1. 음성

'가구'에서 첫음절의 'ㄱ'과 둘째 음절의 'ㄱ'은 혀와 입천장을 이용하여 공기의 흐름을 막았다(폐쇄)가 터뜨려 낸다(파열)는 공통점이 있지만, 첫음절의 'ㄱ'은 무성음(無聲音)이고 둘째 음절의 'ㄱ'은 모음과 모음 사이에서 나는 유성음(有聲音)이라는 차이점이 있다. 또한 '가곡'에서의 받침 'ㄱ'은 '가구'의 첫 'ㄱ'과는 무성음이라는 공통점이 있지만 공기의 흐름을 폐쇄(閉鎖)하기만 하고 파열(破裂)하지 않는다는 점에서 다르다. 따라서 '가곡'의 'ㄱ'은 모두 다른 소리인데 이와 같이 구체적인 소리의 하나하나를 음성(音聲)이라 한다.

(1) 유성음과 무성음

음성은 성대진동, 즉 성(聲, voice)의 유무에 따라 유성음과 무성음으로 나뉜다. 성대를 진동시킴으로써 발음되는 소리, 곧 성대 진동을 동반하여

산출되는 소리를 유성음(voiced)이라 하고, 유성음과는 달리 성대 진동을
동반하지 않는 소리를 무성음(voiceless)이라 한다. 예를 들면 모든 모음과,
자음 중 /ㄴ, ㄹ, ㅁ, ㅇ/ 등은 유성음이고, 나머지 자음은 모두 무성음이다.
유성음은 성대 진동을 동반하므로 모든 모음은 입안에서 나는 소리로 입
을 닫지 않고 열려진 상태에서 발음되는 소리이므로 자음에 비해 발음하
기가 편하다. 그리고 자음 중 /ㅁ, ㄴ, ㅇ, ㄹ/은 성대 진동을 동반하여
입안이나 코가 열려진 상태에서 발음되므로 다른 자음에 비해 발음하기
가 편하다. /ㅁ, ㄴ, ㅇ/은 코를 통해 나오는 소리이고, /ㄹ/은 입을 통해
산출되는 소리이다.

(2) 구음과 비음

음성은 기류가 입안으로 향하느냐 코안으로 향하느냐에 따라 구음(口音,
orals)과 비음(鼻音, nasals)으로 나뉜다. 연구개(velum, 라틴어로 '돛'의 뜻)를 올려서
코로 들어가는 기류를 차단하고 입안 쪽으로 기류를 향하게 하여 산출되
는 소리를 구음 또는 구강음(orals)이라 하고, 연구개를 아래로 내려서 기류
전체 혹은 일부를 코로 통하게 하여 비강에서 공명하여 산출되는 소리를
비음 또는 비강음(nasals)이라 한다. /ㅁ, ㄴ, ㅇ/은 비음이고, 다른 자음은
모두 구음이다. 그런데 코에서 나오는 /ㅁ, ㄴ, ㅇ/은 열려진 상태에서 나
오는 유성음이고, 'ㄹ'을 제외한 다른 자음은 입이 닫혀진 상태에서 나오는
무성음이다.[1]

(3) 지속음과 비지속음

기류가 음성기관에서 방해를 받는 정도에 따라 자음과 모음으로 나뉜
다. 자음은 모음에 비해 방해를 받는 소리이므로 자음을 장애음이라고

---

1) 모든 모음과 자음 중 'ㄹ'은 입안을 통해서 나오는 소리로 유성음이다.

한다. 그리고 자음은 호기(呼氣)를 완전히 차단하느냐, 혹은 부분적으로 차
단하느냐에 따라 조음시의 소요되는 시간이 달라져 지속음과 중단음인
비지속음으로 발음된다. 발화할 때 기류가 완전히 막히지 않거나 부분적
으로 막혀서 내는 소리를 지속음(continuant)이라 하고, 완전히 차단하여 내
는 소리를 중단음 또는 비지속음(interrupted)이라 한다. 폐쇄음과 파찰음은
기류가 완전히 중단됐다가 나오는 소리이므로 중단음, 또는 비지속음이
라고 한다.

(4) 저지음과 공명음

조음방법에 따른 분류의 하나로서 폐쇄의 정도와 울림 소리의 변화에
따라 저지음(沮止音)과 공명음(共鳴音)으로 나뉜다. 저지음(obstruents)은 공기의
흐름을 막아 완전히 폐쇄시키거나 좁혀서 저지함으로써 산출되는 폐쇄음,
마찰음, 파찰음 등으로 장애음이라고도 한다. 반면에 공명음(resonants)은 성

---

2) 마찰음은 기류를 완전히 중단돼 나오는 소리가 아니라 기류를 좁혀서 내는 소리이므로 지
속음이지만 기류가 좁혀서 마찰되는 소리이므로 저지음에 해당된다.

대를 떨게 한 공기가 구강이나 비강으로 흘러 나갈 때 기류를 저지하지 아니하고 열려진 상태로 산출돼 울리는 소리인 비음, 유음(설측음, 설전음), 반모음, 모음 등을 말한다.

(5) 성절음과 비성절음

성절음이란 음절을 이루는 데 반드시 필요한 음운으로 '아이', '고구마', '성공' 등에서처럼 음절을 이루는 핵심인 모음 분절음을 성절음(成節音, syllabics)이라 하고, 자음과 같이 음절을 이루지 못하는 분절음을 비성절음(unsy- llabics)이라 한다. 성절음을 이루는 가장 일반적인 것은 모음이지만, 영어와 같은 일부 개별언어에는 성절자음도 있다. 그러나 한국어에는 모음만이 성절음이고 자음과 반모음은 비성절음이다.[3]

1.2. 음운

자연에서 나는 바람소리, 냇물소리, 동물들이 소리 내는 멍멍, 야옹, 음매 등, 그리고 사람이 내는 기침소리, 재채기 소리 등은 자음과 모음으로 분절돼 나타낼 수 없다. 그러나 음성은 인간의 발음기관을 통하여 만들어진 소리로, 자음과 모음으로 구분하여 내는 분절적인 소리이다. '다도'의 첫음절 'ㄷ'은 무성음[t]이고 둘째 음절의 'ㄷ'는 유성음[d]이다. 음성은 이처럼 발음기관의 조음에 의한 구체적이고 개별적인 소리이다. 반면에 '다도'의 /ㄷ/을 음운이라 한다. 즉, 객관적 말소리인 음성에 비해 개별언어 화자가 같은 음이라고 인식하는 여러 유사음의 집합을 음운(音韻)이라고 한다.

---

3) 반모음은 이중모음을 만드는 음운이지만 단독으로 음절을 이루지 못하고 '야(j+a), 요(j+o)', '와(w+a), 웨(w+e)' 등처럼 반드시 단모음과 결합해야만 하나의 음절을 이룬다.

음운은 여러 변이음의 관계에 의해서만 존재하는 추상적 개념으로 의미 분화를 일으키는 최소의 단위이다. 한국어에서 '달, 탈, 딸, 발, 팔, 살, 쌀' 등은 첫소리 자음인 'ㄷ, ㅌ, ㄸ, ㅂ, ㅍ, ㅅ, ㅆ'에 의하여 서로 뜻이 다른 단어가 되고, '강, 공, 궁' 등은 가운뎃소리 모음인 'ㅏ, ㅗ, ㅜ'에 의하여 뜻이 다른 단어가 된다. 이처럼 음운은 말의 뜻을 구별해 주는 기능을 가진 소리의 단위로 음소(音素)라고도 한다.

변이음은 하나의 음운이 음성 환경에 따라서 음성적으로 실현된 각각의 소리이다. 예를 들어 '가곡'[kagok']에 사용된 'ㄱ'이라는 음운은 각각의 음성 환경에 따라 무성음 'ㄱ'[k], 유성음 'ㄱ'[g], 내파음 'ㄱ'[k̚]으로 발음되지만 뜻을 구별 짓지 못한다.[4] 이처럼 하나의 음소 /ㄱ/에 속하며 출현하는 환경이 상보적 분포를 이루는 구체적인 음성 'ㄱ'[k], 유성음 'ㄱ'[g], 내파음 'ㄱ'[k̚]을 변이음(變異音, allophone), 또는 이음(異音)이라고도 한다.

한국어의 음운에는 모음 21개(단모음 10개, 이중모음 11개), 자음 19개가 있다.

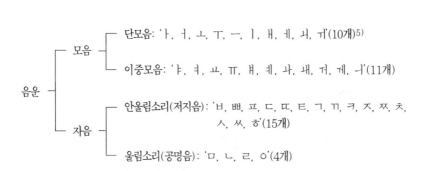

----

4) '가곡'에서 초성에 오는 /ㄱ/은 뒤에 유성음 모음이 오므로 열려지는 무성음이지만 받침에 오는 /ㄱ/은 무성음으로 닫는 소리이다.
5) 'ㅟ'와 'ㅚ'를 학교문법에서는 단모음으로 보고 있으나 'ㅟ'와 'ㅚ'는 [wi], [we]로 이중모음으로 보기도 한다.

2 모음과 자음

2.1. 모음(Vowels)

2.1.1. 모음의 종류

폐로부터 내쉬는 숨이 목청 사이를 지나면서 아무런 장애를 받지 않고 입안에서 목청을 울리면서 나는 소리를 모음(vowels)이라 한다. 모음의 종류에는 입안의 소리를 발음하는 도중에 입술이나 혀가 고정되어 움직이지 않는 소리인 단모음과 소리를 내는 도중에 입술 모양이나 혀의 위치가 처음과 나중이 달라지는 소리인 이중모음이 있다.

(1) 혀의 앞뒤의 위치에 따른 분류
단모음은 혀의 앞뒤의 위치에 따라(이분법) 전설모음과 후설모음으로 나뉜다. 전설모음은 혀의 앞쪽에서 발음되는 모음(ㅣ, ㅔ, ㅐ, ㅟ, ㅚ)이고, 후설모음은 혀의 뒤쪽에서 발음되는 모음(ㅡ, ㅓ, ㅏ, ㅜ, ㅗ)이다.

(2) 혀의 높낮이에 따른 분류
혀의 높낮이에 따라(삼분법) 고모음, 중모음, 저모음으로 나뉜다. 고모음은 입을 조금 벌려서 혀의 위치가 높은 모음(ㅣ, ㅟ, ㅡ, ㅜ)이고, 중모음은 혀의 위치가 중간인 모음(ㅔ, ㅚ, ㅓ, ㅗ)이며, 저모음은 입을 크게 벌려서 혀의 높이가 낮은 모음(ㅐ, ㅏ)이다.

(3) 입술 모양에 따른 분류
입술의 모양에 따라 원순모음과 평순모음으로 나뉜다. 원순모음은 입술을 둥글게 오므려 내는 모음(ㅚ, ㅟ, ㅜ, ㅗ)이고, 평순모음은 원순모음이 아닌 모음(ㅏ, ㅓ, ㅡ, ㅣ, ㅔ, ㅐ)이다.

(4) 반모음과 이중모음

반모음(semivowel)은 모음과 같은 음성적 특징을 가졌으면서 짧고 약하며, 불안정한 속성 때문에 단독으로 음절을 이루지 못하는 소리다. 반모음은 혀가 두드러지게 인접한 모음을 향하거나 혹은 다른 데로 움직여 나오면서 소리를 이루는 특징이 있기 때문에 흔히 과도음(過渡音, glide, transitional sound)이라 칭한다. 이들 반모음은 이중모음과 같은 모음 연속체의 형성에 관여하는 것이므로 비성절모음(non-syllabic vowel)이라고도 한다. 반모음에는 경구개 과도음 [j], 연구개 과도음 [w] 등이 있다.

이중모음은 한 음절에 속하는 두 모음의 연속체로서 하나는 성절음(syllabics)이고, 또 하나는 비성절음(nonsyllabics)의 결합이다. 한국어 단어 '유[ju], 가려[karjʌ], 봐[pwa]'에서 [u], [ʌ], [a]는 단모음으로 성절음이고, [j], [w]는 반모음으로 비성절음이다. '반모음+단모음' 혹은 '단모음+반모음'의 형식이지만 현대 한국어의 이중모음은 대부분 '반모음+단모음' 형식으로 이루어진다. 따라서 한국어의 '야[ja]', '워[wʌ]'와 같이 반모음인 과도음이 음절 주모음인 단모음에 선행하는 이중모음을 상향적 이중모음(rising diphthong)이라 하고, '의[ɯj]'와 같이 과도음이 음절 주모음에 후행하는 이중모음을 하향적 이중모음이라 한다.

(5) 한국어 모음의 발음 특성

① 전설모음화

인간은 언어를 편리하게 발음하려는 속성이 있다. 혀 뒤에서 발음하려

는 후설모음보다는 혀 앞에서 발음하려는 전설모음이 편리하기 때문이
다. 전설모음화(前舌母音化)는 후설모음인 'ㅡ' 음이 치음 'ㅅ,ㅈ,ㅊ' 밑에서
전설모음 'ㅣ'로 변하는 현상으로 18세기 말 이후에 나타나는 일종의 순행
동화 현상이다. '거즛〉거짓, 즈레〉지레, 츩〉칡, 거츨다〉거칠다, 슳다〉싫다'
등을 들 수 있다. 현대어에 와서 후설모음인 'ㅏ'를 'ㅐ'로, 'ㅓ'를 'ㅔ'로 발음
하려는 것도 전설모음화의 일종이다. 예를 들어 '[남비]→[냄비]', '[나기]
→[내기]', '[장이]→[쟁이]', '[수수꺼끼]→[수수께끼]'를 들 수 있다.

② 고모음화

고모음은 입을 조금 열고 혀의 위치를 높여서 발음하는 폐모음이고, 저
모음은 입을 크게 벌리고 혀의 위치를 낮추어서 발음하는 개모음이다.
인간은 발음할 때 입을 작게 벌리려는 속성을 갖는다. 입의 크기가 커질수
록 소리도 커지므로 그만큼 에너지가 많이 사용되기 때문이다. 따라서
고모음화(高母音化)는 입의 크기를 작게 발음하려는 것으로 저모음 'ㅐ'를
중모음 'ㅔ'로, 중모음 'ㅗ'를 고모음 'ㅜ'로 발음한다. 예를 들어 '[찌개]→
[찌게]', '[동이]→[둥이]', '[나하고]→[나하구]'를 들 수 있다.

③ 원순모음화

원순모음화(圓脣母音化)는 순음 'ㅁ,ㅂ,ㅍ' 아래 오는 모음 'ㅡ'가 'ㅜ'로
변하는 현상으로, 이는 발음의 편리를 꾀한 변화라고 볼 수 있다. 이 현상
은 15세기에 나타나기 시작하여 18세기에 많이 나타났다. 원순모음화가
일어나는 경우는 순음과 설음 사이에서 나타난다. 예를 들면 '믈→물, 블
→불, 플→풀' 등을 들 수 있다.

(6) 단모음(10자)과 이중모음(11자)의 발음기호

단모음	발음	이중 모음	발음
ㅏ	[a]	ㅑ	[ja]
ㅓ	[ə]	ㅕ	[jə]
ㅗ	[o]	ㅛ	[jo]
ㅜ	[u]	ㅠ	[ju]
ㅡ	[ɯ]	ㅢ	[ɯj]
ㅣ	[i]		
ㅐ	[ɛ]	ㅒ	[jɛ]
ㅔ	[e]	ㅖ	[je]
ㅚ	[ö/we]	ㅘ	[wa]
ㅟ	[y/wi]	ㅝ	[wə]
		ㅙ	[wɛ]
		ㅞ	[we]

참고 학교문법의 국어의 모음체계

혀의 앞뒤	전설모음		후설모음	
혀의 높이	평 순	원 순	평 순	원 순
고 모 음 중 모 음 저 모 음	ㅣ ㅔ ㅐ	ㅟ ㅚ	ㅡ ㅓ ㅏ	ㅜ ㅗ

> **참고** 모음 사각도와 발음기관

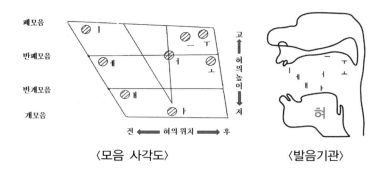

〈모음 사각도〉　　　　　〈발음기관〉

2.1.2. 모음 쓰기의 방법과 학습 순서

(1) 모음 쓰는 방법과 순서

① 위에서 아래로, 왼쪽에서 오른쪽으로 쓴다.

② 모음은 'ㅏ, ㅓ, ㅗ, ㅜ, ㅡ, ㅣ'의 형태로 자음과 결합하여 '가, 거, 고, 구, 그 기'처럼 완전한 글자를 만들지만 모음 자체만으로도 글자를 이룬다. 모음만으로 글자를 만들 때에는 하나의 음절 모양을 갖추기 위해 'ㅇ'을 앞에 쓴다. 이 경우 'ㅇ'은 음가가 없다.

　예 아, 어, 오, 우, 으, 이

③ 'ㅇ'은 'ㅏ, ㅓ, ㅣ, ㅔ, ㅐ'의 왼쪽에 쓰고, 'ㅗ, ㅜ, ㅡ, ㅚ, ㅟ'의 위쪽에 쓴다.

　예 아, 어, 이, 에, 애,　오, 우, 으, 외, 위

④ 학습의 순서는 기본 모음부터 학습한 다음 이중모음을 학습한다.

예) ㅏ   ㅓ   ㅗ   ㅜ   ㅡ   ㅣ

⇒ ㅑ   ㅕ   ㅛ   ㅠ

⇒ ㅚ   ㅟ   ㅘ   ㅝ   ㅢ

> **참고** 학교 문법과 한국어 문법에서는 전설모음(ㅣ, ㅔ, ㅐ, ㅟ, ㅚ)과 후설모음(ㅡ,
> ㅓ, ㅏ, ㅜ,ㅗ)으로 나누고, 고모음(ㅣ, ㅟ, ㅡ, ㅜ), 중모음(ㅔ, ㅚ, ㅓ, ㅗ),
> 저모음(ㅐ, ㅏ)으로 나눈다. 그러나 중설모음(ㅓ, ㅏ)을 설정할 필요가 있고,
> 'ㅐ'를 중모음(반개모음)으로 볼 수 있다.

(2) 학습 순서

모음의 학습 순서

① →						② →				③ →				④ →							
ㅏ	ㅓ	ㅗ	ㅜ	ㅡ	ㅣ	ㅑ	ㅕ	ㅛ	ㅠ	ㅐ	ㅔ	ㅒ	ㅖ	ㅘ	ㅝ	ㅙ	ㅞ	ㅚ	ㅟ	ㅢ	
아	어	오	우	으	이	야	여	요	유	애	에	얘	예	와	워	왜	웨	외	위	의	

2.2. 자음(Consonants)

2.2.1. 자음의 종류

목청을 통과한 공기의 흐름이 입안 또는 입안의 어떤 자리가 완전히

막히거나 좁혀지거나 함으로써 방해를 받고 나는 소리를 자음이라 한다. 자음의 종류에는 소리 내는 자리(조음위치)에 따라 양순음, 치조음, 경구개음, 연구개음, 후음 등이 있다. 그리고 소리를 내는 방법(조음방법)에 따라 저지음인 파열음, 파찰음, 마찰음과 공명음인 비음과 유음이 있다.

(1) 소리를 내는 위치에 따른 분류

입술소리인 양순음은 두 입술에서 나는 소리(ㅂ, ㅃ, ㅍ ; ㅁ)이며, 혀끝소리인 치조음은 혀끝과 윗잇몸 사이에서 나는 소리(ㄷ, ㄸ, ㅌ ; ㅅ, ㅆ ; ㄴ ; ㄹ)이다. 그리고 경구개음은 혓바닥과 경구개 사이에서 나는 소리(ㅈ, ㅉ, ㅊ)이고, 연구개음은 혀의 뒷부분과 연구개에서 나는 소리(ㄱ, ㄲ, ㅋ ; ㅇ)이며, 목청소리인 후음은 목청 사이에서 나는 소리(ㅎ)이다.

(2) 소리를 내는 방법에 따른 분류

소리를 내는 방법(조음방법)에 따라서는 크게 저지음과 공명음으로 분류된다. 안울림소리인 저지음에는 파열음, 마찰음, 파찰음이 있다. 파열음은 폐에서 나오는 공기를 막았다가 그 막은 자리를 터뜨리면서 내는 소리(ㅂ, ㅃ, ㅍ ; ㄷ, ㄸ, ㅌ ; ㄱ, ㄲ, ㅋ)이고, 마찰음은 입안이나 목청 사이의 통로를 좁혀서, 공기가 그 사이를 비집고 나오면서 마찰하여 나는 소리(ㅅ, ㅆ ; ㅎ)이며, 파찰음은 공기의 흐름을 막는 파열음의 특성과 통로를 좁혀서 내는 마찰음의 특성 두 가지 성질을 모두 갖는 소리(ㅈ, ㅉ, ㅊ)이다.

(3) 저지음과 공명음의 분류

한국어의 자음은 모두 19자인데 이중 15자가 장애를 받는 저지음이다. 저지음은 폐에서 나오는 공기의 흐름을 막거나 좁혀서 내는 소리이므로 발음하기가 어렵다. 저지음(파열음, 마찰음, 파찰음)은 다시 예사소리(평

음)(ㅂ, ㄷ, ㄱ, ㅈ, ㅅ), 된소리(경음)(ㅃ, ㄸ, ㄲ, ㅉ, ㅆ), 거센소리(격음)(ㅍ,
ㅌ, ㅋ, ㅊ) 등으로 나뉜다. 저지음은 장애를 받는 소리이므로 공명음으로
발음하는 것이 편하다. 공명음(resonants)은 성대를 떨게 한 공기가 구강이
나 비강으로 흘러 나갈 때 성도를 저지하지 아니하고 성도의 모양을 변형
함으로써 산출되는 비음, 유음, 반모음, 모음 등을 말한다.

울림소리인 공명 자음은 비음과 유음으로 나뉘는데, 비음은 입안의 통
로를 막고 코로 공기를 내보내면서 내는 소리(ㅁ, ㄴ, ㅇ)이고, 유음은 혀
끝을 잇몸에 가볍게 대었다가 떼거나('나라'의 'ㄹ'), 혀끝을 잇몸에 댄 채
공기를 그 양 옆으로 흘러 보내면서 내는 소리('달'의 'ㄹ')이다.

(4) 한국어 자음의 발음 특성

① 비음화

자음은 장애를 받는 소리이다. 그러므로 공명음인 모음보다 발음하기
가 어렵다. 그런데 자음 중에서도 공명음이 있다. 폐에서 나오는 공기의
흐름을 저지당하지 않는 편한 음으로 발음하려는 것이다. 공명음에는 비
음인 'ㅁ,ㄴ,ㅇ'과 유음인 'ㄹ'이 있다. 이 가운데 폐쇄음이 공명음 사이에서
비음으로 발음하려는 것을 비음화(鼻音化)라 한다. 즉, 'ㅂ'이 'ㅁ'으로, 'ㄷ'
이 'ㄴ'으로, 'ㄱ'이 'ㅇ'으로 발음된다. 예를 들어 '[밥물]→[밤물]', '[닫는]
→[단는]', '[국물]→[궁물]'로 발음한다.

② 받침의 대표음화

폐쇄음인 파열음의 계열 'ㅂ,ㅍ,ㅃ', 'ㄷ,ㅌ,ㄸ', 'ㄱ,ㅋ,ㄲ'이 받침으로 올
때, '앞[압]', '잎[입]', '낟[낟]', '부엌[부억]', '밖[박]' 등처럼 예사소리인 'ㅂ',
'ㄷ', 'ㄱ'으로 발음된다. 그리고 파찰음 'ㅈ, ㅊ'과 마찰음 'ㅅ, ㅆ, ㅎ'은 'ㄷ'

으로 소리 난다. '옷[옫], 낮[낟], 꽃[꼳], 있다[읻따], 히읗[히읃]' 등을 들수 있다. 한국어의 받침은 'ㅂ, ㄷ, ㄱ, ㅁ, ㄴ, ㅇ, ㄹ'로 공명음인 'ㅁ, ㄴ, ㅇ, ㄹ'을 제외하고는 저지음 계열은 'ㅂ, ㄷ, ㄱ'으로 소리난다. 'ㅂ, ㄷ, ㄱ'은 평음(예사소리)의 파열음(폐쇄음)이므로 '평파열음화(평폐쇄음화)'라고도 한다.

③ 경음화(된소리되기)

받침 'ㄱ(ㅋ,ㄲ), ㄷ(ㅌ, ㅅ, ㅆ, ㅈ, ㅊ), ㅂ(ㅍ)' 뒤에 연결되는 'ㄱ, ㄷ, ㅂ, ㅅ, ㅈ'은 된소리인 [ㄲ, ㄸ, ㅃ, ㅆ, ㅉ]으로 발음한다. 예를 들어 '먹고[먹꼬], 국밥[국빱], 부엌도[부억또], 깎다[깍따], 닫다[닫따], 입고[입꼬], 덮개[덥깨], 옷감[옫깜], 꽃집[꼳찝], 옆집[엽찝] 등처럼 경음으로 발음된다. 한국어 자음은 19개가 있는데 자음과 자음이 만나면 대부분 된소리가 난다.

(5) 한국어 자음(19자)의 발음기호

ㄱ [k/g]	ㄴ [n]	ㄷ [t/d]	ㄹ [r/l]	ㅁ [m]	ㅂ [p/b]	ㅅ [s]	ㅇ [ŋ]	ㅈ [ʧ] [č]	ㅎ [h]
ㅋ [kʰ]		ㅌ [tʰ]			ㅍ [pʰ]			ㅊ [ʧʰ] [čʰ]	
ㄲ [k']		ㄸ [t']			ㅃ [p']	ㅆ [s']		ㅉ [ʧ'] [č']	

참고 평음(예사소리), 격음(거센소리), 경음(된소리)의 구분

개다 : 캐다 : 깨다 / 달 : 탈 : 딸 / 비다 : 피다 : 삐다
살 : 쌀 / 자다 : 차다 : 짜다

참고 한국어 자음 체계와 발음기관

▶ 한국어의 자음 체계

조음 방법 / 조음 위치			두입술	윗잇몸 혀 끝	경구개 혓바닥	연구개 혀 뒤	목청사이
안울림 소 리 (저지음)	파열음	예사소리	ㅂ	ㄷ		ㄱ	
		된소리	ㅃ	ㄸ		ㄲ	
		거센소리	ㅍ	ㅌ		ㅋ	
	파찰음	예사소리			ㅈ		
		된소리			ㅉ		
		거센소리			ㅊ		
	마찰음	예사소리		ㅅ			ㅎ
		된소리		ㅆ			
울 림 소 리 (공명음)	비음(鼻音)		ㅁ	ㄴ		ㅇ	
	유음(流音)			ㄹ			

▶ 발음기관

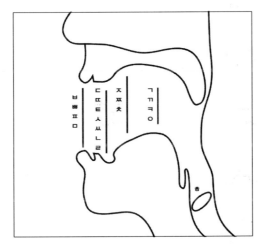

2.2.2. 자음의 명칭과 학습 순서

(1) 자음의 명칭과 쓰기 순서

이름	쓰는 순서	이름	쓰는 순서	이름	쓰는 순서
기역	ㄱ	키읔	ㅋ	쌍기역	ㄲ
니은	ㄴ				
디귿	ㄷ	티읕	ㅌ	쌍디귿	ㄸ
리을	ㄹ				
미음	ㅁ				
비읍	ㅂ	피읖	ㅍ	쌍비읍	ㅃ
시옷	ㅅ			쌍시옷	ㅆ
이응	ㅇ				

이름	쓰는 순서	이름	쓰는 순서	이름	쓰는 순서
지읒	ㅈ	치읓	ㅊ	쌍지읒	ㅉ
히읗	ㅎ				

(2) 학습 순서

자음의 학습 순서

① →								② →			③ →						
ㄱ	ㄴ	ㄷ	ㄹ	ㅁ	ㅂ	ㅅ	ㅇ	ㅈ	ㅊ	ㅋ	ㅌ	ㅍ	ㅎ	ㄲ	ㄸ	ㅃ	ㅆ	ㅉ

→

가	너	도	루	므	비	샤	영	죠	츄	캐	테	패	혜	꽈	뛰	빼	쒜	쬐	귀	늬

앞서 학습한 모음의 학습 순서인 'ㅏ, ㅓ, ㅗ, ㅜ, ㅡ, ㅣ, ㅑ, ㅕ, ㅛ, ㅠ, ㅐ, ㅔ, ㅒ, ㅖ, ㅘ, ㅝ, ㅙ, ㅞ, ㅚ, ㅟ, ㅢ'를 기준으로 하여 자음 평음인 'ㄱ, ㄴ, ㄷ, ㄹ, ㅁ, ㅂ, ㅅ, ㅇ, ㅈ', 거센음(격음)인 'ㅊ, ㅋ, ㅌ, ㅍ, ㅎ', 그리고 된소리(경음)인 'ㄲ, ㄸ, ㅃ, ㅆ, ㅉ'의 순으로 결합하여 제시한다.

참고 한글(훈민정음)의 우수성과 제자원리

(1) 한글의 우수성

한글은 독창적이며 과학적인 점에서 세계적으로 우수한 문자이다. 그 이유는 첫째로 다른 나라의 문자로부터 영향을 받은 것이 아니라 독창적으로 발음기관과 천지인(天地人)을 본뜬 상형의 원리로 만들어졌다. 둘째로 문자를 만든 사람과 연대가 정확하다. '훈민정음'으로 1443년(세종 25년) 음력 12월에

세종이 창제하였다. 그 뒤 집현전 학자들이 이에 대한 해례를 짓고 시험적으로 사용한 뒤, 1446년 음력 9월 상순에 반포하였다.

(2) 초성(자음) 17자의 체계

오음	상형(발음기관)	기본자	가획	이체
아음 (연구개음)	혀뿌리가 목구멍을 막는 꼴	ㄱ	ㅋ	ㆁ
설음 (치조음)	혀가 윗잇몸에 붙는 꼴	ㄴ	ㄷ, ㅌ	ㄹ (반설)
순음 (양순음)	입의 꼴	ㅁ	ㅂ, ㅍ	
치음	이의 꼴	ㅅ	ㅈ, ㅊ	ㅿ (반치)
후음 (성문음)	목구멍의 꼴	ㅇ	ㆆ, ㅎ	

(3) 종성

훈민정음 해례(解例)의 종성해에서 終聲復用初聲(종성부용초성) 원칙을 규정하고 있다. 이는 초성 (ㄱ, ㅋ, ㆁ, ㄴ, ㄷ, ㅌ, ㄹ, ㅁ, ㅂ, ㅍ, ㅅ, ㅈ, ㅊ, ㅿ, ㅇ, ㆆ, ㅎ)글자를 받침에 그대로 사용한다는 것이지만, 8종성(ㄱ, ㆁ, ㄴ, ㄷ, ㄹ, ㅁ, ㅂ, ㅅ)만으로도 족하다는 원칙이다. 그런데 8종성법에서 'ㄷ'과 'ㅅ'의 발음상 표기 구별이 어려우므로 17세기 이후 'ㄷ'을 'ㅅ'으로 표기함으로써 7종성법을 사용하게 되었다. 현대국어의 종성법은 근대국어와 마찬가지로 7종성법이지만, 'ㅅ'을 'ㄷ'으로 적는 규정이다. 근대국어가 문자 표기상의 7종성법이었다면, 현대국어는 발음상 표기의 7종성법이다. 즉, 근대국어가 '돋도록→돗도록, 벋→벗' 등으로 표기했다면, 현대국어는 '낫[낟], 낮[낟], 낱[낟], 낯[낟], 낳[낟]'으로 발음표기이다.

3 음절 구조

음절은 하나의 발음 단위인 소리의 덩어리로서 모음과 자음이 결합되어 이루어진다. 한국어에서 음절이 만들어지려면 반드시 음절의 핵심인 모음이 있어야 한다. 따라서 음절의 구조는 '모음(V)' 단독(아, 어, 애), '자음+모음(cV)'(가, 노, 대, 표), '모음+자음(Vc)'(앞, 열, 옷, 왕), '자음+모음+자음(cVc)'(감, 돌, 벌, 집) 등을 들 수 있다. 음절을 구성할 때, 우선, 음절의 첫소리로 올 수 있는 자음은 모두 18개이며, 자음의 'ㅇ[ŋ]'은 첫소리에 올 수 없다. 그리고 자음 단독으로는 음절을 이루지 못한다.

3.1. 한국어 음절 구조의 특성

음절(syllable)이란 공명도(sonority)가 높은 음절 주음이 되는 모음을 중심으로 하나의 글자의 단락을 이룬 최소의 음성연쇄로 일종의 발음의 단위이다. 국어의 문자 체계에 있어서 한글은 음소문자이지만, 표기에 있어서는 음절(모아쓰기) 단위로 기호화하고 있다. 국어의 음절은 종성 없이 모음으로 끝나는 개음절과 종성을 갖는 폐음절이 있으며, 초성이 자음으로 시작되는 경우 음절 두음 제약이 있다. 영어의 'stop'은 1개의 음절인데, 국어에서는 '스톱'으로 2개의 음절을 이룬다. 이는 두 언어 간의 음운론적 구조상의 차이 때문이다.

3.2. 음절 구성 방법

한국어는 음소문자이지만 서구어처럼 풀어쓰지 않는다. 영어의 경우

'success'라고 쓰듯이 'ㅅㅓㅇㄱㅗㅇ'으로 써야 하는데, '성공'처럼 모아쓰기 방식을 사용한다. 이에 한국어의 음절 구성 방법을 보이면 다음과 같다.

(1) 모음(V)

> ㅏ = 아, ㅓ = 어

(2) 모음(V) + 자음(C)

> ㅏ + ㄴ = 안
> ㅗ + ㅅ = 옷

(3) 자음(C) + 모음(V)

> ㄴ + ㅏ = 나
> ㄷ + ㅗ = 도

(4) 자음(C) + 모음(V) + 자음(C)

> ㄱ + ㅏ + ㅇ = 강
> ㅁ + ㅜ + ㄴ = 문

(5) 반모음(s)+ 모음(V)

> ㅣ[j] + ㅏ = 야
> ㅗ[w] + ㅏ = 와

(6) 반모음(s)+모음(V)+ 자음(C)

> ㅣ[j] + ㅓ + ㅍ = 옆
> ㅜ[w] + ㅓ + ㄹ = 월

(7) 자음(C) + 반모음(s)+모음(V)

ㄱ + ㅣ[j] + ㅓ = 겨
ㅂ + ㅗ[w] + ㅏ = 봐

(8) 자음(C) + 반모음(s)+모음(V) + 자음(C)

ㅂ + ㅣ[j] + ㅓ + ㄹ = 별
ㄱ + ㅗ[w] + ㅏ + ㅇ = 광

(9) 모음(V) + 반모음(s)

ㅡ + ㅣ[j] = 의

3.3. 음절 쓰기와 읽기 연습

(1) 음절 쓰기

한국어의 자음과 모음은 반드시 결합하여 쓴다. 이는 15세기에 규정한 부서법의 일종이다. 부서법은 초성과 중성이 합쳐질 때 중성(모음)이 놓이는 자리를 규정한 것으로 오늘날의 표기법도 이에 따르고 있다. 이 부서법은 자음과 모음의 음운을 음절로 한 글자처럼 인식시킨 것이다. 즉, 자음에 모음을 붙여씀으로써 하나의 음절이 되도록 적은 것이다. 부서법에는 초성의 아래에 붙여쓰는 하서로 'ㅗ, ㅜ, ㅛ, ㅠ', 초성의 오른편에 붙여쓰는 우서로 'ㅏ, ㅓ, ㅑ, ㅕ, ㅐ, ㅔ' 등이 있으며, 초성의 아래와 오른편에 붙여쓰는 '하서+우서'로 'ㅚ, ㅟ, ㅘ, ㅝ, ㅙ, ㅞ' 등이 있다.

✍ 음절 쓰기의 순서

먼저 기본 모음 그리고 가획을 한 그 외 모음의 순으로 한다.

	ㅏ	ㅓ	ㅗ	ㅜ	ㅡ	ㅣ	ㅑ	ㅕ	ㅛ	ㅠ	ㅐ	ㅔ	ㅒ	ㅖ	ㅘ	ㅝ	ㅙ	ㅞ	ㅚ	ㅟ	ㅢ
ㄱ	가	거	고	구	그	기	갸	겨	교	규	개	게	걔	계	과	궈	괘	궤	괴	귀	긔
ㄴ	나	너	노	누	느	니	냐	녀	뇨	뉴	내	네	냬	녜	놔	눠	놰	눼	뇌	뉘	늬

(2) 음절 읽기

ㄱ	가구	가게	고기	구두	개구리
ㄴ	나	너	나무	나비	노래
ㄷ	다리	드라마	두부	돼지	도시
ㄹ	라디오	나라	러시아	소리	리본
ㅁ	머리	모자	모기	무	무지개
ㅂ	바나나	바지	배	바다	비누
ㅅ	사과	소	시계	수도	버스
ㅇ	아버지	어머니	우리	의자	이사
ㅈ	지도	제주도	주머니	주스	주소
ㅊ	차	치마	채소	고추	치즈
ㅋ	커피	카메라	케이크	카드	코
ㅌ	토마토	토끼	테니스	투수	티셔츠
ㅍ	포도	피아노	피자	파도	파티
ㅎ	하마	호두	휴지	휴대폰	해
ㄲ	까치	조끼	어깨	토끼	꼬리
ㄸ	따다	똑딱	뛰다	따로	띠

ㅃ	뿌리	뽀뽀	뼈	오빠	빠르다
ㅆ	싸다	비싸다	씨앗	쓰다	쓰레기
ㅉ	짜다	찌다	찌개	가짜	찌꺼기

4 받침

음절을 만드는 방법 중 '자음(C)+모음(V)+자음(C)'의 '곰, 돌' 경우처럼 마지막에 들어가는 자음 'ㅁ', 'ㄹ'을 받침이라고 한다. 한국어의 음절에는 '가고, 오다'처럼 받침이 없는 것도 있지만, '강, 등산'처럼 받침이 있는 것이 많다. 그리고 받침이 있는 경우에도 '북, 몸, 맛'처럼 홑받침을 사용하는 경우와 '흙, 넋' 처럼 겹받침을 사용하는 경우가 있다.

4.1. 받침 발음

4.1.1. 홑받침 발음

(1) 받침 규칙
한국어의 받침은 [ㄱ, ㄴ, ㄷ, ㄹ, ㅁ, ㅂ, ㅇ] 의 7개만 발음한다.

① 음절 끝자리의 'ㄲ, ㅋ'은 [ㄱ]으로 소리난다.
　예　밖[박], 부엌[부억], 닥다[닥따]

② 음절 끝자리의 'ㅅ, ㅆ, ㅈ, ㅊ, ㅌ, ㅎ'은 [ㄷ]으로 소리난다.

　　예　옷[옫], 있다[읻따], 낮[낟], 꽃[꼳], 바깥[바깓], 히읗[히읃]

③ 음절 끝자리의 'ㅍ'은 [ㅂ]으로 소리난다.

　　예　앞[압], 잎[입], 덮다[덥따]

받침	대표음	예
ㄱ, ㅋ, ㄲ	[ㄱ]	밖[박], 부엌[부억]
ㄴ	[ㄴ]	산[산]
ㄷ, ㅅ, ㅆ, ㅈ, ㅊ, ㅌ, ㅎ	[ㄷ]	옷[옫], 있다[읻따], 낮[낟], 꽃[꼳], 끝[끋], 히읗[히읃]
ㄹ	[ㄹ]	팔[팔]
ㅁ	[ㅁ]	곰[곰]
ㅂ, ㅍ	[ㅂ]	입[입], 잎[입]
ㅇ	[ㅇ]	강[강]

(2) 읽기

[ㄱ]	책	수박	부엌	밖	깎다	낚시
[ㄴ]	산	눈	안경	전화	라면	운전
[ㄷ]	숟가락	옷	꽃	낮	히읗	밑
[ㄹ]	팔	불	달	얼굴	말	서울
[ㅁ]	점심	컴퓨터	곰	김치	엄마	밤
[ㅂ]	입	옆	밥	컵	직업	무릎
[ㅇ]	공	가방	비행기	빵	강	공항

4.1.2. 겹받침 발음

받침에 자음이 두 개 쓰인 것을 '겹받침'이라 한다. 겹받침일 경우 앞 자음이나 뒤 자음 중 하나만 발음한다.

앞 자음이 발음되는 경우			뒤 자음이 발음되는 경우		
겹받침	발음	예	겹받침	발음	예
ㄳ	[ㄱ]	몫[목]	ㄺ	[ㄱ]	닭[닥]
ㄵ	[ㄴ]	앉다[안따]	ㄻ	[ㅁ]	삶[삼], 젊다[점따]
ㄼ	[ㄹ]	여덟[여덜], 넓다[널따]	ㄿ	ㅍ→[ㅂ]	읊다[읍따]
ㄽ	[ㄹ]	외곬[외골]			
ㄾ	[ㄹ]	핥다[할따]			
ㅄ	[ㅂ]	값[갑]			
ㄶ	[ㄴ]	많고[만코]			
ㅀ	[ㄹ]	싫다[실타]			

① 받침 'ㄳ, ㄵ, ㄽ, ㄾ, ㅄ'은 첫째 자음만 발음된다.
　　예 몫[목], 앉다[안따], 여덟[여덜], 값[갑], 외곬[외골], 핥다[할따]

② 받침 'ㄻ, ㄿ'은 둘째 자음만 발음된다.
　　예 삶[삼], 젊다[점따], 읊다[읖다→읍따], 읊지[읖지→읍찌]

③ 받침 'ㄺ, ㄼ'은 불규칙적이다. 즉, 어말과 자음 앞에서 [ㄱ, ㅂ]으로 발음되지만 용언의 어간 말음 'ㄺ'은 'ㄱ' 앞에서 [ㄹ]로 발음된다, 그리고 '넓-'은 어말 또는 자음 앞에서 [ㄹ]로 발음되지만 '넓둥글다, 넓죽하다'는 [ㅂ]으로 발음된다.

예〉 맑다[막따], 읽지[익찌] : 읽고[일꼬], 맑게[말께]
밟다[밥:따], 밟고[밥:꼬]
넓다[널따], 넓고[널꼬] : 넓둥글다[넙뚱글다], 넓죽하다[넙쭈카다]

4.2. 'ㅎ'의 발음

4.2.1. 격음화(거센소리)로 발음하는 경우

(1) 'ㅎ(ㄶ, ㅀ)' 뒤에 'ㄱ, ㄷ, ㅈ'이 결합되는 경우, 뒤 음절 첫소리와 합쳐
서 [ㅋ, ㅌ, ㅊ]로 발음한다.

예〉 놓고[노코], 좋다[조타], 쌓지[싸치], 많고[만코], 싫다[실타]

(2) 받침 'ㄱ(ㄺ), ㄷ, ㅂ(ㄼ), ㅈ(ㄵ)'이 뒤 음절 첫소리 'ㅎ'과 결합되는
경우에도 두 소리를 합쳐서 [ㅋ, ㅌ, ㅍ, ㅊ]로 발음한다.

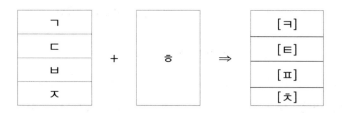

예〉 각하[가카], 먹히다[머키다], 밝히다[발키다], 맏형[마텽]

좁히다[조피다]   넓히다[널피다]   꽂히다[꼬치다]
앉히다[안치다]

(3) [ㄷ]으로 발음되는 받침 'ㅅ, ㅈ, ㅊ, ㅌ'도 'ㅎ'과 결합되는 경우에도
두 소리를 합쳐서 [ㅌ]으로 발음한다.

예 옷 한 벌[온한벌→오탄벌]   낮 한때[낟한때→나탄때]
꽃 한 송이[꼳한송이→꼬탄송이]   숱하다[숟하다→수타다]

4.2.2. 된소리로 발음하는 경우

'ㅎ(ㄶ, ㅀ)' 뒤에 'ㅅ'이 결합되는 경우, 'ㅅ'을 [ㅆ]으로 발음한다.

| ㅎ | + | ㅅ | ⇒ | [ㅆ] |

예 닿소[다쏘]   많소[만쏘]   싫소[실쏘]

4.2.3. 생략되는 경우

(1) 'ㅎ' 뒤에 'ㄴ'이 결합되는 경우, 'ㅎ'을 [ㄴ]으로 발음한다.

| ㅎ | + | ㄴ | ⇒ | [ㄴ] |

예 놓는[논는]   쌓네[싼네]

(2) 'ㄶ, ㅀ' 뒤에 'ㄴ'이 결합되는 경우, 'ㅎ'을 발음하지 않는다.

| ㄶ / ㅀ | + | ㄴ | ⇒ | [ㄴ/ㄹ] |

예 않네[안네]   않는[안는]

뚫네[뚤네→뚤레]　뚫는[뚤는→뚤른]

(3) 'ㅎ(ㄶ, ㅀ)' 뒤에 모음으로 시작된 어미나 접미사가 결합되는 경우,
'ㅎ'을 발음하지 않는다.

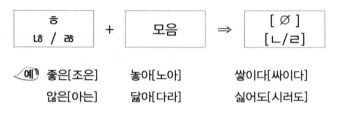

예　좋은[조은]　놓아[노아]　쌓이다[싸이다]
않은[아는]　닳아[다라]　싫어도[시러도]

5 연음

앞 음절의 끝 자음이 모음으로 시작되는 뒤 음절의 초성으로 이어져 나는
소리 규칙을 연음(連音) 규칙이라 한다. 음절의 끝에 자음을 가진 형태소가
모음으로 시작되는 형식 형태소(조사, 어미, 접미사)를 만나면, 그 끝 자음은
다음 음절의 첫소리로 발음된다. 또한 겹받침이 모음으로 시작되는 형식형태
소(조사, 어미, 접미사)를 만나면 뒤엣것만을 음절 첫소리로 옮겨 발음한다.
그러나 뒤에 오는 형태소가 실질 형태소이면 음절 끝소리 규칙에 따라 대표
음으로 먼저 바뀌고 뒤의 음절 첫소리로 옮겨 발음한다.

(1) 받침 뒤에 모음으로 시작된 조사나 어미, 접미사가 올 경우, 받침은
뒤 음절 첫소리로 옮겨 발음한다.

옷 + 이	[오**ㅅ**이]

> **예** 옷을[오슬]　　봄이[보미]　　있어[이써]　　낮이[나지]
> 앞으로[아프로]　밭에[바테]　　덮이다[더피다]　꽃이[꼬치]

(2) 겹받침 뒤에 모음으로 시작된 조사나 어미와 결합될 경우에는 뒤엣것 만을 뒤 음절 첫소리로 옮겨 발음하는데 이때 'ㅅ'은 된소리로 발음 한다.

앉 + 아	[안**ㅈ**아]

> **예** 흙을[흘글]　젊어[절머]　읊어[을퍼]　핥아[할타]　값을[갑쓸]

(3) 받침 뒤에 모음 'ㅏ, ㅓ, ㅗ, ㅜ, ㅟ'로 시작되는 실질 형태소가 연결되 는 경우, 대표음 [ㄱ, ㄷ, ㅂ]으로 바꾸어서 뒤 음절 첫소리로 옮겨 발음한다.

> **예** 밭 아래[받아래→바다래]　늪 앞[늡압→느밥]　옷 안[온안→오단]
> 맛없다[맏업다→마덥따]　멋있다[먿읻다→머딛따]6)
> 꽃 위[꼳위→꼬뒤]　　　　값 없다[갑업다→가법따]
> 맛 없다[맏업다→마덥따]　닭 앞에[닥아페→다가페]

(4) 한글 자모 이름의 받침은 연음을 하되, 'ㄷ, ㅈ, ㅊ, ㅋ, ㅌ, ㅍ, ㅎ'의 경우에는 특별히 다음과 같이 발음한다.

> **예** 디귿이[디그시]　　디귿을[디그슬]　　디귿에[디그세]
> 지읒이[지으시]　　지읒을[지으슬]　　지읒에[지으세]

----

6) '맛있다, 멋있다'는 [마싣따, 머싣따]로도 발음할 수 있다.

치읓이[치으시]	치읓을[치으슬]	치읓에[치으세]
키읔이[키으기]	키읔을[키으글]	키읔에[키으게]
티읕이[티으시]	티읕을[티으슬]	티읕에[티으세]
피읖이[피으비]	피읖을[피으블]	피읖에[피으베]
히읗이[히으시]	히읗을[히으슬]	히읗에[히흐세]

6 음운 규칙

음운 규칙이란 한 형태소가 다른 형태소와 결합할 때, 형태소의 음운이 조건에 따라 다른 음운으로 바뀌는 현상을 말한다. 이를 음운의 변동, 음운 변이 현상이라고도 하는데, 어떤 하나의 음운이 다른 음운으로 바뀌는 대치(교체), 한쪽의 음운이 다른 쪽 음운의 성질을 닮는 동화, 두 개의 음운이 하나의 음운으로 합쳐지는 축약, 두 음운 중 어느 하나가 없어지는 탈락, 형태소가 합성될 때 그 사이에 음운이 덧붙는 첨가 등이 있다.

6.1. 경음화(된소리) 현상

(1) 두 개의 안울림소리가 서로 만나면 뒤의 소리가 된소리로 발음되는 현상으로 어간과 어미 사이(①), 체언과 조사 사이(②), 명사와 명사의 합성어의 경우(③), 접사(④) 등에서 나타난다. 다만, 명사와 명사의 합성어의 경우에는 선행 명사 끝소리가 저지음일 경우에 해당된다. 그리고 평음 'ㅂ, ㄷ, ㄱ, ㅅ, ㅈ'이 둘째음절 어두에 된소리 [ㅃ, ㄸ, ㄲ, ㅆ, ㅉ으로 바뀌어 나므로 대치(교체) 현상이다.

예 ① 입고→[입꼬], 먹자→[먹짜], 잡자→[잡짜]

　　② 법도→[법또], 떡과→[떡꽈], 밭과→[받꽈]

　　③ 앞길→[압낄], 젖소→[전쏘]

　　④ 덮개→[덥깨], 값지다→[갑찌다]

(2) 어간 받침 'ㄴ(ㄵ), ㅁ(ㄻ)' 뒤에 결합되는 어미의 첫소리 'ㄱ, ㄷ, ㅅ, ㅈ'도 된소리로 발음한다.

예 신고[신 : 꼬]　껴안다[껴안따]　앉고[안꼬]　　　엇다[언따],

　　젊지[점 : 찌]　삼고[삼 : 꼬]　닮고[담 : 꼬]　더듬지[더듬찌]

(3) 어간 받침 'ㄼ, ㄾ' 뒤에 결합되는 어미의 첫소리 'ㄱ, ㄷ, ㅅ, ㅈ'도 된소리로 발음한다.

예 넓게[널께]　핥다[할따]　훑소[훌쏘]　떫지[떨 : 찌]

(4) 한자어에서 'ㄹ' 받침 뒤에 연결되는 'ㄷ, ㅅ, ㅈ'과 관형사형 '-(으)ㄹ' 뒤에 연결되는 'ㄱ, ㄷ, ㅂ, ㅅ, ㅈ'도 된소리로 발음한다.

예 갈등[갈뜽]　발동[발똥]　절도[절또]　말살[말쌀]　갈증[갈쯩]　물질[물찔]

　　할 것을[할꺼슬]　갈 데가[갈떼가]　할 바를[할빠를]　할 세라[할쎄라]

6.2. 자음동화

　음절과 음절이 결합할 경우, 음절 끝 자음이 그 뒤에 오는 자음과 만나면서 어느 한쪽이 다른 쪽 소리를 닮아서 그 영향을 준 소리로 바뀌거나 그와 비슷한 성질을 가진 소리로 바뀌기도 하고, 양쪽이 서로 닮아서 두 소리가 모두 바뀌기도 하는 현상을 자음동화라고 한다. 자음동화에는 비음동화와 유음동화가 있다.

6.2.1. 비음동화

자음은 장애를 받는 소리이다. 그러므로 공명음인 모음보다 발음하기
가 어렵다. 그런데 자음 중에서도 공명음이 있다. 폐에서 나오는 공기의
흐름을 저지당하지 않는 편한 음으로 발음하려는 것이다. 공명음에는 비
음인 'ㅁ,ㄴ,ㅇ'과 유음인 'ㄹ'이 있다. 이 가운데 폐쇄음이 공명음 사이에서
비음으로 발음하려는 것을 비음동화(鼻音同化)라 한다. 비음이 아닌 자음
이 비음(ㄴ, ㅁ, ㅇ)으로 바뀌는 대치(교체) 현상이다. 이때 저지음(ㅂ, ㄷ,
ㄱ)은 조음 위치가 같은 공명 비음(ㅁ, ㄴ, ㅇ)으로 발음된다. 즉, 양순음
'ㅂ'은 'ㅁ'으로, 치조음 'ㄷ'은 'ㄴ'으로, 연구개음 'ㄱ'은 'ㅇ'으로 발음된다.

(1) 폐쇄음 계열의 받침 'ㅂ(ㅍ, ㄼ, ㄿ, ㅄ), ㄷ(ㅅ, ㅆ, ㅈ, ㅊ, ㅌ, ㅎ),
   ㄱ(ㄲ, ㅋ, ㄳ, ㄹㄱ)' 이 비음인 'ㅁ, ㄴ 앞에서[7] 비음인 [ㅁ, ㄴ, ㅇ]으로
   바뀌는 동화 현상이다. 폐쇄음은 폐에서 나오는 공기의 흐름이 막혔
   다 터뜨리는 저지음 소리이므로 비음 앞에서 발음하기 쉬운 공명
   비음으로 발음된다. 즉, 받침 '[ㅂ → ㅁ, ㄷ → ㄴ, ㄱ → ㅇ]'으로
   동일한 조음위치의 비음으로 바뀐다.

[ㅁ]		ㅂ		
[ㄴ]	⇐	ㄷ	+	ㅁ, ㄴ
[ㅇ]		ㄱ		

7) 비음은 'ㅁ, ㄴ, ㅇ'이 있지만 한국어 자음 'ㅇ'은 어두에 올 수 없으므로 'ㅁ, ㄴ' 앞에서만
비음으로 발음된다.

> **예** 밥물[밤물]   잡는대[잠는다]   앞날[암날]   밟는[밤는]
> 닫는[단는]   맏며느리[만며느리]   붙는[분는]   없는[엄는]
> 꽃망울[꼰망울]   놓는[논는]   국민[궁민]   먹는[멍는]
> 부엌만[부엉만]   깎는[깡는]   흙만[흥만]   넋만[넝만]

> **참고** '앞마당[압마당→암마당]', '붙는[붇는→분는]', '부엌문[부억문→부엉문]'에서처럼 받침 'ㅍ'이 'ㅂ'으로, 'ㅌ'이 'ㄷ'으로, 'ㅋ'이 'ㄱ'으로 먼저 바뀌고 난 다음에 비음화 규칙이 일어난다. 즉 유기음(거센음) 파열음(ㅍ,ㅌ,ㅋ)이 평음 파열음(ㅂ,ㄷ,ㄱ)으로 먼저 바뀌는 것이므로 '평파열음화'라고 한다.

(2) 받침 'ㅁ, ㅇ' 뒤에 연결되는 'ㄹ'은 [ㄴ]으로 발음한다.

> **예** 종로[종노]   대통령[대통녕]   강릉[강능]   침략[침냑]   담력[담녁]

(3) 받침 'ㄱ, ㅂ' 뒤에 연결되는 'ㄹ'은 우선 [ㄴ]으로 발음한다.[8] 즉, 선행 받침 'ㄴ, ㄹ' 이외의 자음 뒤에서 첫소리 'ㄹ'은 [ㄴ]으로 발음된다(①). 그리고 이 [ㄴ]의 영향으로 받침 'ㅂ, ㄱ'을 [ㅁ, ㅇ]으로 발음하게 한다. 일종의 비음동화 현상이다. 즉, '섭리[섭니 → 섬니]', '백로[백노 → 뱅노]'로 된다(②). 또한 '몇 리[멷리→멷니→면니]'처럼 'ㅊ[ㄷ]' 뒤에 연결되는 'ㄹ'도 [ㄴ]으로 우선 발음되고(①), 이 [ㄴ]은 'ㄷ'을 [ㄴ]으로 발음하게 한다(②).

---

8) 이와 같은 규정은 표준발음법 제19항 [붙임]에서 제시하고 있다.

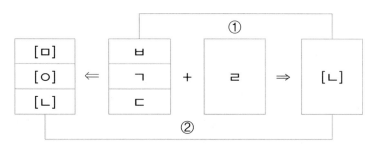

> **예** 섭리[섭니→섬니]　　백로[백노→뱅노]　　몇 리[먼니→면니]

> **참고**　'섭리', '백로'의 경우 '섭리[섭니→섬니]', '백로[백노→뱅노]'가 되는 이유는
> '천리[철리]'의 '리'처럼 받침 다음에 'ㄹ'이 오는 경우는 받침이 'ㄹ'이 올 경
> 우에만 가능하기 때문이다. 따라서 받침 'ㄹ'이 아닌 경우에는 초성의 'ㄹ'
> 이 'ㄴ'으로 먼저 발음된다. 그러나 '섭리[섬리→섬니]', '백로[뱅로→뱅노]'처
> 럼 받침 폐쇄음 'ㅂ'과 'ㄱ'이 공명음 사이에 있기 때문에 먼저 공명음인
> 'ㅁ'과 'ㅇ'으로 바뀔 수도 있다.

(4) 받침 'ㄴ'은 'ㄹ'의 앞이나 뒤에서 [ㄹ]로 발음하는 것이 우선적인 발음
원칙이다. 그러나 'ㄴ' 뒤에 오는 'ㄹ'은 [ㄴ]으로 발음되는 경우가 있다.

> **예** 공권력 → [공꿘녁]　생산량 → [생산냥]　임진란 → [임진난]
> 상견례 → [상견녜]　동원령 → [동원녕]　음운론 → [음운논]

6.2.2. 유음동화

　치조 비음인 'ㄴ'은 치조 유음인 'ㄹ'의 앞이나 뒤에서 [ㄹ]로 발음된다.
유음 'ㄹ' 때문에 [ㄹ]로 바뀌는 음운 현상이므로 유음동화라 한다. '말'에서
처럼 받침 'ㄹ'은 설측음[l]이고, '나라'의 'ㄹ'은 설전음[r]로 발음된다. 유음
동화는 설측음 [ㄹ]로 인해 다음 어두음도 설측음 [ㄹ]로 발음되는 것이므

로 설측음화라고도 한다.

(1) 받침 '르(ᄚ, ᄛ)'로 인해 받침 뒤에 오는 'ㄴ'은 [ㄹ]로 발음된다.

예) 칼날[칼랄]　물난리[물랄리]　줄넘기[줄럼끼]　할는지[할른지]
　　　닳는[달는→달른]　뚫는[뚤른→뚤른]　핥는[할는→할른]

(2) 받침 'ㄴ'은 뒤에 오는 'ㄹ'의 영향으로 [ㄹ]로 바뀌어 발음된다. 이때
받침 [ㄹ]은 설측음 [l]이며, 뒤에 'ㄹ'도 설전음 [r]에서 설측음 [l]로 바
뀐다.

예) 난로[날로]　신라[실라]　천리[철리]

참고　다음 단어는 비음화와 유음화 중 어느 것으로 볼지 논란의 여지가 있다.
외래어 앞에 접두사적 의미로 사용되는 경우 비음화로 보는 것이 타당하지
만 실제 한국인의 발음은 둘 모두 발음하고 있다.

예) 온라인[온나인 / 올라인]　신라면[신나면 / 실라면]

6.3. 구개음화

끝소리가 'ㄷ, ㅌ'인 형태소가 '이' 혹은 반모음 '] [j]로 시작되는 형식 형태
소와 만나면 경구개음 [ㅈ, ㅊ]으로 발음되는 음운현상을 구개음화라고 한다.
모음 '이'는 전설고모음으로 치조음 부근에서 나는 것이 아니라 경우개음 근
처에서 발음된다. 반모음 '] [j] 역시 경구개음이다. 즉 경구개음인 '반모음
'] [j]와 그 근처에서 발음되는 모음 '이'의 영향으로 치조 자음 'ㄷ, ㅌ'이 경구
개 자음 [ㅈ, ㅊ]으로 바뀌는 역행동화로 자음·모음간 동화로 볼 수 있다.
(1) 받침 'ㄷ, ㅌ(ᄐ)'이 '이/여'와 결합되는 경우 [ㅈ, ㅊ]로 바뀌어서 뒤

음절 첫소리로 옮겨 발음한다.

ㄷ ㅌ	+	이/여	⇒	ㅈ ㅊ

예 굳이[구디→구지]   해돋이[해도디→해도지]   같이[가티→가치]
붙이다[부티다→부치다]   붙여[부텨→부쳐→부처]

(2) 받침 'ㄷ'이 히/혀와 결합되는 경우, 자음 축약 현상이 일어나 '[ㄷ+ㅎ
→티]'으로 바뀐 다음 구개음화 현상 '[ㅌ→치]'으로 뒤 음절 첫소리
로 옮겨 발음한다.

ㄷ	+	히/혀→티/텨	⇒	치/쳐

예 굳히다[구티다→구치다]   닫히다[다티다→다치다]
닫혀[다텨→다쳐→다처]   굳혀[구텨→구쳐→구처]

6.4. 모음동화

6.4.1. 'ㅣ' 모음 동화

모음동화는 모음과 모음 간에 일어나는 동화 현상으로 'ㅏ, ㅓ, ㅗ, ㅜ'가
'ㅣ'모음의 영향으로 'ㅐ, ㅔ, ㅚ, ㅟ' 등으로 변하는 현상으로 일반적으로
'ㅣ'모음 역행동화를 말한다. 동화인 이유는 양성모음은 양성모음(ㅏ→ㅐ)
으로 음성모음은 음성모음(ㅓ→ㅔ)으로 발음되기 때문이다. 이들 발음은
대부분 표준어로 인정하지 않는다.[9]

· ·
9) '냄비, 멋쟁이, 댕기다(성냥불을), 올챙이, 신출내기, 시골내기, 수수께끼' 등은 'ㅣ'모음 역
행동화로 굳어져 표준어로 인정된 것이다.

예) 아비 → [애비]   손잡이 → [손재비]   먹이다 → [메기다]
    창피 → [챙피]   아지랑이 → [아지랭이]   올창이 → [올챙이]
    남비 → [냄비]   시골나기 → [시골내기]   수수꺼끼 → [수수께끼]

한편, 'ㅣ' 뒤에 'ㅓ, ㅗ'가 오면 'ㅣ' 모음의 영향으로 'ㅕ, ㅛ'로 바뀌는 경우가 있다. 이는 'ㅣ'모음 순행동화이다. 다만 '되어, 피어, 이오, 아니오'의 경우는 [어]와 [오]로 발음하는 것을 원칙으로 하되, [여]와 [요]로 발음하는 것도 허용한다.

예) 드디어→[드디여]   베어→[베여]   달래어[달래여]
    오시오→[오시요]   세오→[세요]   달래오[달래요]

6.4.2. 모음조화

모음조화는 모음동화의 일종으로 양성모음(ㅏ, ㅗ, ㅑ, ㅛ)은 양성모음끼리, 음성모음(ㅓ, ㅜ, ㅡ, ㅕ, ㅠ)은 음성모음끼리 어울리는 현상으로 15세기에는 철저히 지켜졌지만, 현대 국어에서는 현실발음의 모음 강화현상으로 모음조화 현상이 많이 붕괴되었다. 용언어간에 붙는 어미는 대부분 모음조화를 지키고 있으나(①), 일종의 발음 강화현상으로 모음조화가 붕괴된 단어가 많다(②). 반면에 의성어와 의태어에서는 지금도 철저히 지켜지고 있다(③).

① 막아 : 먹어, 막았다 : 먹었다, 막아라 : 먹어라
② 오뚝이, 괴로워, 아름다워, 소꿉놀이
③ 졸졸 : 줄줄, 캄캄하다 : 컴컴하다, 알록달록 : 얼룩덜룩
   살랑살랑 : 설렁설렁, 찰찰 : 철철, 달달 : 들들

6.5. 음운의 축약, 탈락, 첨가

6.5.1. 음운의 축약

두 형태소가 서로 만날 때에 앞뒤 형태소의 두 음운이나 두 음절이 하나의 음운이나 음절로 줄어드는 현상을 축약이라 한다. 축약 현상에는 자음 축약과 모음 축약이 있다.

(1) 자음 축약

'ㄱ, ㄷ, ㅂ, ㅈ'과 'ㅎ(ㄶ, ㅀ)'이(①), 또는 'ㅎ'과 'ㄱ, ㄷ, ㅂ, ㅈ'이 서로 만나면(②) 'ㅋ, ㅌ, ㅍ, ㅊ'으로 축약된다. 이를 유기음화 또는 격음화라고도 한다. 또한 'ㄱ(ㄺ), ㄷ(ㅅ, ㅈ, ㅊ, ㅌ), ㅂ(ㄼ), ㅈ(ㄵ)'이 뒤 음절 'ㅎ'과 만나면 'ㅋ, ㅌ, ㅍ, ㅊ'로 축약된다(③).

> 예 ① 먹히다[머키다] 잡히다[자피다] 꽂히다[꼬치다]
>   많고[만코] 않던[안턴] 닳지[달치]
>   ② 놓고[노코] 좋다[조타] 쌓지[싸치]
>   ③ 밝히다[발키다] 숱하다[수타다] 넓히다[널피다]
>   앉히다[안치다] 옷 한 벌[옫한벌→오탄벌]

(2) 모음 축약

① 두 모음이 서로 만나서 한 음절이 되는 모음 축약이 있다. 이는 일종의 반모음화 현상이다. 즉 '보이어→보여[jə], 오아→와[wa] 등 반모음화(ㅣ[j], ㅗ/ㅜ[w])로 인해 음절이 줄어든 현상이다.

> 예 보이어 → 보여   막히어 → 막혀   뜨이다→ 띄다
>   오아서 → 와서   보아라 → 봐라   주어 → 줘

② 단모음과 단모음이 만나서 단모음으로 바뀌는 현상이다. 예를 들어
'ㅏ[a]와 'ㅣ'[i]가 만나면 'ㅐ'[ɛ]가되고, 'ㅓ'[ʌ]와 'ㅣ'[i]가 만나 'ㅔ'[e]로
되는 현상이다. 또한 '보+이+다 → 뵈다', '오누+이 → 오뉘'의 경우처
럼 단모음 'ㅗ'[o]와 'ㅣ'[i], 'ㅜ'[u]와 'ㅣ'[i]가 결합돼 각각 단모음 'ㅚ'[Ö],
'ㅟ'[y]가 된다.

예 아이 → 애   사이 → 새   터이니 → 테니
   보이다 → 뵈다   조이다 → 죄다   오누이 → 오뉘

③ 특수한 경우도 있다. 모음 'ㅚ'[Ö]에 '어'가 결합되면 '반모음[w]+ 단모
음(ㅐ)' 형식으로 된다. 그리고 '하+여 → 해[a+jʌ→ɛ]'의 경우도 있다.

예 되어[Ö+ʌ] → 돼[wɛ]   피어[Ö+ʌ] → 퐤[wɛ]   하[ha]+여[jʌ] → 해[hɛ]

6.5.2. 음운의 탈락

둘 이상의 형태소나 음절이 서로 만날 때에 어느 한 음운이나 음절이
없어지는 현상을 탈락이라 한다. 탈락 현상에는 자음 탈락과 모음 탈락이
있는데, 자음 탈락에는 'ㄹ' 탈락, 'ㅎ' 탈락, 겹받침이 자음과 만나는 경우
겹받침이 대표음으로 발음되는 자음군 단순화 등이 있다.

① 'ㄹ' 탈락
'ㄹ' 받침 용언에서 어간 끝소리 'ㄹ'이 'ㄴ, ㅂ, ㄷ, ㅈ', 그리고 '오, ㅅ
(시)' 앞에서는 탈락한다.

예 딸님→[따님], 울는→[우는], 열닫이 → 여닫이 울짖다→ 우짖다,
   울+ㅂ니다→웁니다. 울+오→우오, 울+소→우소, 울+시+어요→우세요

② 'ㅎ' 탈락

용언 어간의 끝소리 'ㅎ'이 모음과 모음 사이에서, 또는 'ㄴ, ㄹ'과 모음 사이에서 탈락하는 현상이다.

예 낳+은 → [나은]   많+이 → [마니]

　　끊+어 → [끄너]   싫+어 → [시러]

③ 받침 자음군 단순화

겹받침의 두 자음이 음절 끝에 놓일 때 겹받침 뒤에 아무런 음이 따르지 않거나 자음이 뒤따르게 되어 두 자음 중 어느 한 자음이 탈락하는 음운 현상이다.

예 넋[넉]   값[갑]   앎[앎] → [압]

　　값도 → [갑도] → [갑또],   밟다 → [밥다] → [밥:따]

④ 모음 탈락

용언의 어간이 'ㅏ'나 'ㅓ'로 끝나는 경우에 어미 '아'나 '어'로 시작하는 어미가 와서 동일한 모음이 연속될 때 어미의 '아'나 '어'가 탈락한다.

예 서+어라 → 서라   가+았+다 → 갔다   건너+어서 → 건너서

⑤ '으' 탈락

'으'로 끝나는 어간은 첫째, 'ㅏ'와 'ㅓ'로 시작하는 어미 앞에서 용언의 어간 'ㅡ'가 탈락한다. 둘째, 'ㄹ'이나 모음으로 끝나는 용언 어간에 'ㅡ'로 시작하는 어미가 오면 'ㅡ'가 탈락한다. 셋째, 'ㄹ'이나 모음으로 끝나는 체언 뒤의 조사 '으로'는 'ㅡ'가 탈락한다.

예 크+어서 → 커서   쓰+어도 → 써도   담그+아도 → 담가도

　　알+으면 → 알면   풀+으면 → 풀면   배우+으니 → 배우니

　　서울+으로 → 서울로   바다+으로 → 바다로

6.5.3. 음운의 첨가

단어나 어절의 어느 부위에 어떤 음을 첨가하여 발음하는 음운 현상을 첨가라 한다. 첨가의 대표적인 것으로 사이시옷 음운 첨가와 소리 'ㄴ' 첨가가 있다.

(1) 사이시옷 첨가

두 개의 형태소 또는 단어가 어울려 합성어를 이룰 때, 앞의 말의 끝소리가 울림소리이고 뒤의 말의 첫소리가 안울림소리이면 뒤의 예사소리가 된소리로 변하는 음운의 변동을 사잇소리 현상이라 한다. 그리고 앞말이 모음으로 끝나고 뒷말이 'ㅁ, ㄴ'으로 시작되는 명사가 올 경우 'ㄴ' 소리가 주로 받침에 덧나는 경우도 사이시옷을 표기하는 사잇소리 현상이다.

① 뒷말의 첫소리 'ㄱ, ㄷ, ㅂ, ㅅ, ㅈ'이 와서 된소리로 발음할 경우에 단어 앞에 사이시옷을 첨가한다. 그리고 사이시옷을 [ㄷ]으로 발음하는 것도 허용한다.

예 내+가 → 냇가[내ː까/낻ː까]   새+길 → 샛길[새ː낄/샏ː낄]
    코+등 → 콧등[코뜽/콛뜽]   아래+방 → 아랫방[아래빵/아랟빵]
    해+살 → 햇살[해쌀/핻쌀]   배+속 → 뱃속[배쏙/밷쏙]

② 사이시옷 뒤에 'ㄴ, ㅁ'이 결합되는 경우에는 [ㄴ]으로 발음한다.

예 코+날 → 콧날[콛날→콘날]   아래+니 → 아랫니[아랟니→아랜니]
    후+날 → 훗날[훋날→훈날]   내+물 → 냇물[낻물→낸물]
    이+몸 → 잇몸[읻몸→인몸]   배+머리 → 뱃머리[밷머리→밴머리]

③ 사이시옷 뒤에 '이' 음이 결합되는 경우에는 [ㄴ ㄴ]으로 발음한다.

예 나무+잎 → 나뭇잎[나묻닙→나문닙] 뒤+일 → 뒷일[뒫닐→뒨닐]
깨+잎 → 깻잎[깬닙→깬닙]   예사+일 → 예삿일[예삳닐→예산닐]

④ 외래어가 있거나 두 단어가 모두 한자어인 경우에는 사이시옷을 첨
가하지 않으나 다음 6개만 허용한다.

예 곳간(庫間), 셋방(貰房), 숫자(數字), 찻간(車間), 툇간(退間), 횟수(回數)

(2) 소리 'ㄴ' 첨가

'ㄴ' 첨가는 합성어를 이루는 요소 사이에서 일어나는 음운 현상으로
합성어 선행 요소는 자음으로 끝나고 합성어 후행 요소는 '이'나 반모음
'ㅣ'[j]로 시작할 때 적용된다. 'ㄴ' 첨가는 주로 합성어를 이루는 요소 사이
에서 일어나지만 파생어의 구성 성분 사이 또는 단어와 단어 사이에서
적용되기도 한다.

① 합성어 및 파생어에서, 앞 단어나 접두사의 끝이 자음이고 뒤 단어나
접미사의 첫음절이 '이, 야, 여, 요, 유'인 경우에는, 'ㄴ' 음을 첨가하
여 [니, 냐, 녀, 뇨, 뉴]로 발음한다.

예 솜+이불 → [솜니불]   헛+일 → [헏일→헏닐→헌닐]
늑막+염 → [늑막념 → 능망념]   맨+잎 → [맨닙]   담+요 → [담뇨]
신+여성 → [신녀성]   못+잊는다 → [몯 닏는다→몬 닌는다]10)
한+여름 → [한녀름]   콩+엿 → [콩녇]   식용+유[식용뉴→시굥뉴]

---

10) '솜이불'과 '늑막염'은 각각 '솜'과 '이불', '늑막'과 '염'이 결합된 합성어이며, '신여성'처럼 파
생어에서도 'ㄴ' 첨가가 일어난다. 'ㄴ'이 첨가된 후에는 첨가된 후의 발음이 용이하도록 동
화가 일어나기도 한다. 예를 들어 '늑막염'[능망념]은 'ㄴ'첨가 후에 비음화가 일어난 예이
고, '못 잊는다'에서처럼 단어와 단어 사이에서 일어나기도 한다.

② '르' 받침 뒤에 첨가되는 'ㄴ' 음은 [ㄹ]로 발음된다.

예 들+일 → [들:릴]   솔+잎 → [솔립]   물+약 → [물략]

(3) 기타의 경우

'ㄹ' 첨가, 'ㅇ' 첨가, 'ㅂ' 첨가, 'ㅎ' 첨가 등이 있다.

① 'ㄹ' 첨가 : 이르어 → 이르러   푸르어 → 푸르러
② 'ㅇ' 첨가 : 소아지 → 송아지
③ 'ㅂ' 첨가 : 조쌀 → 좁쌀   벼씨 → 볍씨   해쌀 → 햅쌀
④ 'ㅎ' 첨가 : 수닭 → 수탉   수병아리 → 수평아리

참고 사잇소리 현상과 'ㄴ' 첨가

사잇소리현상은 그 적용환경이 다르다. 두 개의 형태소 또는 단어가 어울려 합성어를 이룰 때, 앞의 말의 끝소리가 울림소리이고 뒤의 말의 첫소리가 안울림소리이면 뒤의 예사소리가 된소리로 변하는 음운의 변동을 사잇소리 현상이라 한다. 그리고 앞말이 모음으로 끝나고 뒷말이 'ㅁ, ㄴ'으로 시작되는 명사가 올 경우 'ㄴ' 소리가 주로 받침에 덧나는 경우도 사잇소리 현상이다. 반면에 'ㄴ'첨가는 앞 말이 반드시 자음으로 끝나고 뒷말이 '이'나 반모음 'ㅣ[j]로 시작되는 말이 오는데 주로 '신여성[신녀성], 한국요리[한국뇨리]'처럼 어두에 'ㄴ' 첨가가 일어난다.

그러나 '집일[집닐], 콩옛[콩녇], 물약[물냑]'처럼 합성어의 경우 뒤의 명사 어두에 'ㄴ'이 덧나 사잇소리 현상과 'ㄴ' 첨가를 구분하기 어려운 경우도 있다. 그리고 말에 따라서 사잇소리 현상이 일어나기도 하고 일어나지 않기도 한다.

예 노랫말, 본딧말, 존댓말, 혼잣말 : 인사말, 머리말, 반대말
　　머릿기름, 머릿결, 머릿돌 : 머리글, 머리글자, 머리기사

합성어에서	① 모음	+	'ㄱ, ㄷ, ㅂ, ㅅ, ㅈ'	ㄲ, ㄸ, ㅃ, ㅆ, ㅉ로 발음 냇가[내ː까, 낻ː까] 햇살[해쌀, 핻쌀]
	② 모음		'ㅁ, ㄴ'	[ㄴ] 잇몸[읻몸→인몸] 콧날[콛날→콘날]
	③ 모음		'이'	[ㄴ ㄴ] 깻잎[깬닙→깬닙]

※ ②③은 'ㄴ첨가'와 달리 반드시 사이시옷 뒤에서 'ㄴ'소리가 덧난다.

제 2 장 단어

쉽고 간결한 한국어 문법과 표현

단어

1 단어

1.1. 형태와 형태소

하나의 형태소가 문맥에 따라 어형을 달리하며 나타날 때 그 근거를 음성적인 면에서 설명할 수 있는 경우를 음운적 조건의 이형태(phonological conditioned allomorph)라 한다. 한국어에서 음운적 조건의 이형태는 주로 조사와 어미 결합형에서 찾아볼 수 있다. 이들 이형태가 나타나는 환경은 상호 배타적이어서 동일한 환경에서 상호 교체될 수 없다.

〈음운적 조건의 이형태〉

	주제화 표지	주격 표지	목적격 표지	명사형 어미	관형사형 어미	관형사형 어미
모음 뒤	바다는 (-는)	바다가 (-가)	바다를 (-를)	옴 (-ㅁ)	온 (-ㄴ)	올 (-ㄹ)
자음 뒤	산은 (-은)	산이 (-이)	산을 (-을)	먹음 (-음)	먹은 (-은)	먹을 (-을)

이에 비해 이형태의 분포를 음운적으로 설명할 수 없고 특별한 형태소에
서만 교체가 일어나는 경우를 형태적 조건의 이형태(morphologically conditioned
allomorph)라 한다. 가령 명령형 어미는 동사의 어간에 따라 형태를 달리하는
경우가 있는데 이에 해당한다.

① 부사형어미 형태소
먹어, 입어, 보아
하여, 일하여, 노래하여　　　　{하-} 어간 다음에
이르러, 누르러, 푸르러　　　　{이르(至)-, 누르(黃)-, 푸르(靑)-} 어간 다음에

② 명령형어미 형태소
먹어라, 입어라, 보아라, 잡아라
하여라, 일하여라, 노래하여라　　　{하(爲)-} 어간 다음에
가거라, 돌아가거라, 들어가거라　　{가(去)-} 어간 다음에
오너라, 돌아오너라, 들어오너라　　{오(來)-} 어간 다음에

③ 과거시제 형태소
먹었다, 입었다, 살았다
하였다, 일하였다, 노래하였다　　　{하-} 어간 다음에
이르렀다, 푸르렀다, 누르렀다　　　{이르-,푸르-,누르-} 다음에

1.2. 형태소의 유형

뜻을 가진 가장 작은 말의 단위를 형태소라고 한다. 홀로 설 수 있음과
없음의 자립성 여부에 따라 자립형태소와 의존형태소로 나눌 수 있다.
또한 의미가 실질적인가 형식적인가에 따라 실질형태소와 형식형태소로
나눌 수 있다.

먼저 가장 작은 말의 단위인 형태소로 나누면 다음과 같다.

〈예〉 나는 바다를 보았다. → {나}, {는}, {바다} {를}, {보}, {았}, {다}

(1) 자립성의 여부

형태소는 홀로 설 수 있음과 없음의 자립성 여부에 따라 자립형태소인 {나}, {바다}와 자립성이 없고 다른 말에 의존하여 쓰이는 의존형태소 {-는}, {-를}, {보-}, {-았-}, {-다}로 분류된다.

(2) 실질과 형식의 여부

형태소는 의미가 실질적인가 형식적인가에 따라 실질형태소(그 의미가 실질적인 형태소로 자립형태소와 용언의 어간을 포함)인 {나}, {바다}, {보-}와 형식형태소(실질형태소에 붙어 말과 말 사이의 관계를 형식적으로 표시함)인 {-는} {-를} {-았-} {-다}로 분류된다.

1.3. 단어의 형성

단어는 최소의 자립형태소로 띄어쓰기 단위와 일치한다. 따라서 내부에 휴지를 둘 수 없으며, 그 사이에 다른 말이 들어갈 수 없다. 다만, 체언에 붙는 조사를 단어로 인정하고 있다. 단어는 최소자립형식으로 의존형태소들의 결합이되, 자립성을 발휘하는 것이다. 따라서 자립형태소에 붙되, 그것과 쉽게 분리되는 의존형태소인 조사도 단어가 될 수 있다. '나는'과 '바다-를'에서 '는, 를'은 단어가 된다. 그리고 실질형태소인 어간과 형식형태소인 어미가 결합된 '먹다, 먹고' 등을 하나의 단어로 본다.

〈예〉 나는 바다를 보았다. → {나}, {는}, {바다} {를}, {보았다}

위의 예문에서 단어는 모두 5개이다. 띄어쓰기를 기준으로 어절 단위로 보되, 학교문법에서는 조사를 단어로 인정하므로 자립형태소에 결합한 조사만 첨가하면 된다.

단어에는 '땅, 하늘, 꽃, 나무, 높다'처럼 단일어와 둘 이상의 어근(합성어)으로 되거나 어근에 접사가 결합(파생어)된 복합어가 있다. '강산, 집안, 소나무, 밤낮, 어깨동무, 굳세다' 등은 합성어이고, '지붕, 맏아들, 치밀다, 풋과일, 톱질, 먹히다, 번쩍거리다' 등은 파생어이다. 하나의 단어에는 파생어와 합성어가 같이 들어 있는 경우가 있다. '코+(웃+음)(파생어 → 합성어)', '평화적'은 '(평+화)+적(합성어 → 파생어)', '시부모'는 '시+(부+모)(합성어 → 파생어)'이다.

1.4. 파생어

어근의 앞이나 뒤에 접사가 붙어서 만들어진 단어를 파생어라 한다. 어근의 앞에 붙는 접사는 접두사, 어근의 뒤에 붙는 접사는 접미사라고 한다. 어근은 실질적인 의미를 나타내는 부분이고 접사는 어근에 붙어 그 의미를 제한한다.

> 예) 파생어= 접두사 + 어근 → 새+빨갛다 = 새빨갛다
> 파생어= 어근 + 접미사 → 해+님 = 해님

참고 파생접사와 굴절접사

어근에 붙어 그 뜻을 더하거나 제한하는 부분을 접사라고 하는데, '치밀다'에서 '치-'처럼 단어 파생에 기여하는 접사를 파생접사라 하고, '-다'처럼 문법적 기능을 하는 어미를 굴절접사라고 한다.

> 예) 어근 : 어른-

어간 : 어른스럽-(어근+파생접사)

어미 : -다(굴절접사)

으르렁-거리-다, 훌쩍-대-다, 글썽-이-다, 반짝반짝-하-다,
아름-답-다

(1) 접두사에 의한 파생어: 접두사는 뒤에 오는 어근의 뜻만을 제한하고
품사를 바꾸는 일은 없다. 체언 앞에 오는 접두사는 관형사적 성격
을 가지며, 용언 앞에 오는 접두사는 부사적인 성격을 가진다.

① 한정적(부사성) 접두사: 용언 어근 앞에 붙어서 첨의적 기능을
가지며, 어근의 의미를 제한할 뿐 품사를 바꾸지 못한다.

예) 갓-나다, 빗-나가다, 설-익다, 짓-누르다, 치-솟다, 휘-젓다,
새-빨갛다, 뒤-섞다, 들-끓다

② 관형적 접두사: 명사류의 앞에 붙어서 첨의적 기능을 하는 접두
사이다.

예) 갓-스물, 개-살구, 날-감자, 덧-신, 돌-배, 들-장미, 맨-손,
숫-총각, 알-부자, 애-벌레, 풋-사랑, 홀-아비, 참-기름

(2) 접미사에 의한 파생어: 접미사는 어근의 뜻을 제한할 뿐만 아니라
어근의 품사를 바꾸기도 하고, 사동, 피동 접미사는 문장 구조와 의
미를 바꾸기도 한다.

① 명사 파생

예) 〈명사→명사〉 송-아지, 선생-님, 학생-들, 저-희, 바느-질, 잠-꾸러
기, 땜-장이, 가난-뱅이, 마음-씨, 값-어치, 집-웅(지붕), 눈-치, 잎

-아리(이파리)

〈용언→명사〉 믿-음, 슬-픔, 먹-이, 크-기, 베-개, 막-애(마개), 묻-엄(무덤), 맞-웅(마중)

② 동사 파생

예 〈동사→동사〉 놓-치-다, 먹-히-다, 울-리-다, 깨-뜨리-다

〈다른 품사→동사〉 위반-하다 : 밝-히-다, 낮-추-다 : 출렁-거리-다, 반짝-이-다

〈문장구조와 의미 변이〉 먹-이-다, 입-히-다, 알-리-다, 웃-기-다, 재-우-다, 달-구-다, 맞-추-다 : 보-이-다, 업-히-다, 들-리-다, 감-기-다

③ 형용사 파생

예 〈형용사→형용사〉 검-엉-다, 높-다랗-다, 차-갑-다

〈명사→형용사〉 학생-답-다, 슬기-롭-다, 사랑-스럽-다

④ 부사 파생

예 없-이, 급-히, 곳곳-이, 가만-히, 비로-소, 맵-우(매우), 힘-껏, 진실-로, 참-아(차마), 끝-내, 쉽-사리

1.5. 합성어

합성어는 둘 이상의 어근이 결합된 단어이다. 합성어의 유형에는 구성 요소들의 배열 방식을 기준으로 한국어의 일반적인 단어 배열 방식과 동일한가 다른가에 따라 통사적 합성어와 비통사적 합성어가 있다. 또한 합성어의 두 어근의 의미 관계에 따라 병렬합성어, 수식합성어, 융합합성어가 있다.

(1) 단어 배열법에 따른 합성어

① 통사적 합성어

한국어의의 일반적인 단어 배열에 따른 합성어이다.

첫째, 체언(명사)의 합성어로 '명사+명사'(돌다리, 집안, 눈물, 밤낮), '관형사+명사'(새해, 새신랑, 첫사랑, 이승), '관형사형+명사'(작은형, 큰집, 군밤, 젊은이)가 있다.

둘째, 부사의 합성어로 '부사+부사'(더욱더, 곧잘, 울긋불긋, 철썩철썩)가 있다.

셋째, 용언의 합성어로 '주어+서술어'(동사 : 힘들다, 재미나다, 맛들다, 정들다, 형용사 : 낯설다, 값없다, 배부르다, 재미있다), '목적어+서술어'(힘쓰다, 애쓰다, 노래부르다), '부사어+서술어'(앞서다, 뒤서다, 마주서다, 가로지르다, 앞세우다, 손쉽다), '본동사+연결어미+보조동사'(알아보다, 돌아가다, 찾아보다, 살펴보다, 들어가다, 걸어가다, 흘러가다)를 들 수 있다.

② 비통사적 합성어

한국어의 일반적인 단어 배열에 따르지 않은 합성어이다.

첫째, 체언(명사)의 합성어로 '어간+명사'(늦잠, 누비옷, 들것, 접칼, 검버섯), '부사+명사'(산들바람, 부슬비, 척척박사, 촐랑새)가 있다.

둘째, 용언의 합성어로 '어간+어간'(동사 : 오르내리다, 날뛰다, 여닫다, 듣보다, 형용사 : 검푸르다, 높푸르다, 굳세다)를 들 수 있다.

(2) 의미 관계에 따른 합성어

① 병렬합성어: 두 어기의 대등한 결합으로 이루어진 합성어

예 마소, 손발, 앞뒤, 오르내리다

② 수식합성어: 앞의 어기가 뒤의 어기에 영향을 주는 합성어

예 물굽이, 부삽, 소나무, 안집, 속옷

③ 융합합성어: 두 어기의 결합으로 전혀 다른 의미를 갖는 합성어

예 밤낮(늘), 나들이(외출), 손위(연장자), 큰집(종가), 돌아가다(죽다)

2 품사

품사는 공통된 성질을 지닌 단어끼리 모아 놓은 것으로, 한국어의 품사는 9개로 나뉜다.

기능적 분류	품사
체언	명사
	대명사
	수사
용언	동사
	형용사
관계언	조사
수식언	관형사
	부사
독립언	감탄사

2.1. 체언: 명사, 대명사, 수사

체언은 문장에서 주로 주어의 자리에 오며, 조사와 결합한다. 때로는 목적어나 보어의 자리에도 올 수 있으며, 체언에는 명사, 대명사, 수사가 있다. 이들은 일반적으로 형태의 변화가 없다.

2.1.1. 명사

사람이나 사물의 명칭을 표시한 단어를 명사라 한다. 명사는 뒤에 격조사를 취할 수 있으며, 그 앞에 관형사를 비롯한 관형어가 놓일 수 있는 사물의 명칭을 나타내는 단어의 묶음이다. 명사에는 고유성(固有性)의 여부에 따라 특정한 사람이나 물건을 다른 것과 구별하기 위하여 고유의 기호를 붙인 고유명사와, 같은 종류의 모든 사물에 두루 쓰이는 보통명사로 나뉜다. 그리고 자립성의 여부에 따라 자립명사와 의존명사로 나뉜다.

(1) 명사의 종류
명사에는 고유성의 여부에 따라 고유명사와 보통명사, 자립성의 여부에 따라 자립명사와 의존명사로 분류된다.

구분	명사의 종류	정의	예
고유성의 여부에 따라	고유명사	특정한 사람이나 사물에 대한 이름	한국, 한강, 금강산
	보통명사	사물에 쓰이는 것	나라, 강, 산
자립성의 여부에 따라	자립명사	다른 말(관형어)의 도움을 받지 않고 홀로 쓰이는 명사	하늘, 꽃, 컴퓨터, 창문

| | 의존명사 | 다른 말(관형어)에
기대어 쓰는 명사 | 지, 수, 뿐, 양, 듯 |

(2) 의존명사

명사 중에는 홀로 쓰이지 못하고 반드시 그 앞에 꾸며 주는 말, 즉 관형어가 있어야만 문장에 쓰일 수 있는 것들이 있다. 이것을 의존명사라 한다.

	의존명사 종류	정의	예
(1)	보편성 의존명사	모든 성분으로 두루 쓰이는 의존명사	분, 이, 것, 데
(2)	주어성 의존명사	주어로 쓰이는 의존명사	지, 수, 리
(3)	서술성 의존명사	서술어로 쓰이는 의존명사	따름, 뿐, 터
(4)	부사성 의존명사	부사어로 쓰이는 의존명사	대로, 만큼, 채 , 줄
(5)	단위성 의존명사	앞에 오는 명사의 수량을 단위로 가리키는 의존명사	개, 명, 마리, 권, 장, 병, 살, 대, 켤레, 송이, 잔, 그릇, 벌

예 (1) 찬성하는 <u>분</u> 손을 들어 주십시오.

    그 일을 맡을 <u>이</u>가 없다.

    무엇을 할 <u>것</u>인지 잘 모르겠다.

    내가 사는 <u>데</u>는 여기서 가깝다.

예 (2) 벌써 졸업한 <u>지</u>가 10년이 되었다.

    로안은 한국어를 잘할 <u>수</u> 있어요.

    그는 건강하므로 아플 <u>리</u>가 없다.

예 (3) 그곳에서 잘 지낸다니 그저 기쁠 <u>따름</u>이다.

    영미를 좋아할 <u>뿐</u>이지 아직 결혼 생각은 없다.

    오늘 할 <u>터</u>이니 걱정하지 마라.

예 (4) 한국에 도착하는 <u>대로</u> 연락하렴.

노력한 <u>만큼</u> 대가를 얻다.

옷을 입은 <u>채</u>로 물에 들어갔다.

그는 한국어를 할 <u>줄</u> 안다.

예 (5) 단위성 의존명사(단위 명사)

구분	단위 명사	예
물건	개	가방 한 개 지우개 두 개 책상 세 개
사람	명/사람/분	네 명(사람, 분)
동물, 물고기	마리	고양이 다섯 마리 고등어 여섯 마리
책, 공책	권	한국어 책 일곱 권 공책 여덟 권
종이, 표	장	종이 아홉 장 영화표 열 장
물, 맥주	병	물 열한 병 맥주 열두 병
나이	살	열세 살
자동차, 냉장고, TV	대	자동차 열네 대 냉장고 열다섯 대 TV 열여섯 대
기타	송이/잔/그릇/벌/ 그루	꽃 한 송이 차 두 잔 밥 세 그릇 옷 네 벌 나무 다섯 그루

2.1.2. 대명사

대명사(代名詞)는 사람, 사물, 장소를 나타내는 명사를 대신한다. 대명사는 뒤에 격조사를 취할 수 있으며, 명사만큼 자유로운 결합을 보이지는 않지만 그 앞에 관형어가 놓일 수 있는 단어의 묶음으로 말 그대로 명사를 대신하는 품사이다. 즉, 사람, 장소, 사건의 내용 등을 대신하여 쓰이는 단어들의 묶음을 뜻하는 것으로 대명사의 종류에는 인칭대명사와 지시대명사가 있다.

2.1.2.1. 인칭대명사

한국어는 높임법이 발달한 언어로 인칭대명사도 높임의 정도에 따라 아주낮춤, 예사낮춤, 예사높임 등이 있다. 인칭대명사가 복수를 나타낼 때는 '-들'이 붙거나 다른 형태의 단어를 사용한다.

구분	단수				복수			
	아주 낮춤	예사 낮춤	예사 높임	아주 높임	아주 낮춤	예사 낮춤	예사 높임	아주 높임
1인칭	저	나			저희 (들)	우리		
2인칭	너	자네 그대	당신 그대		너희 (들)	자네들 그대들	당신들 그대들	
3인칭	이(그,저) 애 이(그,저) 놈	이(그,저) 사람 누구, 아무	이(그,저) 이 이(그,저) 분		이(그,저) 애들 이(그,저) 놈들	이(그,저) 사람들	이(그,저) 들 이(그,저) 분들	

참고 '내(나의)'와 '우리'

'우리'는 단순히 '나'의 복수만을 뜻하지는 않는다. 예를 들어 한국 사람들은 '내 나라, 내 집, 내 아버지' 보다는 '우리나라, 우리 집, 우리 아버지'를 많이 사용한다. 왜냐하면 한국 사람들의 의식 속에는 '나'라는 개인을 주장하기보다는 가족이나 집단을 생각하는 공동체 의식이 강하기 때문이다.

2.1.2.2. 지시대명사

지시대명사는 사물이나 장소를 대신 가리킨다. 화자(말하는 이)와 청자(듣는 이)의 거리에 따라 지칭이 달라진다.

	사물	장소
화자에게 가까운 것	이, 이것	여기
청자에게 가까운 것	그, 그것	거기
화자와 청자 모두에게 먼 것	저, 저것	저기
모르는 사물이나 장소	무엇	어디

그리고 구어에서는 조사와 결합하여 축약형으로 많이 사용한다.

예

이것이		이게	여기는		여긴
그것이	⇒	그게	거기는	⇒	거긴
저것이		저게	저기는		저긴

이것은		이건	여기를		여길
그것은	⇒	그건	거기를	⇒	거길
저것은		저건	저기를		저길

이것을		이걸	무엇이		뭐가
그것을	⇒	그걸	무엇을	⇒	무얼(뭘),뭣을
저것을		저걸	어디를		어딜

2.1.3. 수사

수사(數詞)는 명사의 수량이나 순서를 가리키는 단어의 묶음을 뜻하는 체언으로 그 종류로는 양수사와 서수사가 있다. 수사는 뒤에 격조사를 취할 수 있으며, 그 앞에 관형어나 관형사 결합이 거의 가능하지 않다.

다만 '다른 하나'와 같이 특수한 경우에는 결합이 되기도 한다. 그리고 한국어 수사는 고유어계 수사와 한자어계 수사로 구분된다.[1]

(1) 양수사 : 수량을 가리키는 수사(하나, 둘, 셋, 넷, 일, 이, 삼, 세 개째 등)

(2) 서수사 : 순서를 가리키는 수사(첫째, 둘째, 셋째, 제일, 제이, 제삼, 세 번째 등)

(3) 고유어계 수사: 하나, 둘, 셋, 넷 등

(4) 한자어계 수사: 일, 이, 삼, 사 등

참고 **수사와 수관형사**

수사는 체언이므로 조사와 결합하지만, 수관형사는 체언을 수식하므로 조사와 결합하지 않는다. '하나 상징, 다섯 식구, 천 얼굴'에서 '하나, 다섯, 천'은 '하나의 상징, 다섯의 식구, 천의 얼굴'에서처럼 조사와 결합이 가능하므로 수사이다. 반면에 '천 사람, 다섯 명, 아홉 켤레'에서 '천, 다섯, 아홉'은 조사와 결합하지 않으므로 수관형사이다. 그리고 수사는 체언이지만 '*새 하나, *젊은 둘'처럼 관형어의 수식을 받지 않으며, '*하나들, *셋들'처럼 '-들'의 접미사와 결합하지 않는다.

숫자	고유어	한자어
1	하나(한)	일
2	둘(두)	이
3	셋(세)	삼
4	넷(네)	사
5	다섯	오
6	여섯	육
7	일곱	칠
8	여덟	팔
9	아홉	구
10	열	십
11	열하나(열한)	십일
12	열둘(열두)	십이
13	열셋(열세)	십삼
14	열넷(열네)	십사
15	열다섯	십오
16	열여섯	십육
17	열일곱	십칠
18	열여덟	십팔
19	열아홉	십구
20	스물(스무)	이십
30	서른	삼십
40	마흔	사십
50	쉰	오십
60	예순	육십
70	일흔	칠십
80	여든	팔십
90	아흔	구십
100	백	백
1,000	천	천
10,000	만	만
100,000	십만	십만
1,000,000	백만	백만
10,000,000	천만	천만
100,000,000	억	억

2.1.3.1. 양수사

1) 고유어 양수사

(1) 양수사에 단위 명사가 같이 쓰일 경우 숫자 '1~4, 20'은 수를 나타내는 관형사가 되어 다음과 같이 변한다.

하나		한
둘		두
셋	⇒	세
넷		네
스물		스무

예〉 물 <u>한</u> 잔 주세요.

지금 몇 시예요?　　　　　→ <u>두</u> 시예요.

여기에 <u>세</u> 명 있어요.

사과 <u>네</u> 개하고 배 <u>다섯</u> 개 주세요.

몇 살이에요?　　　　　　→ <u>스무</u> 살이에요.

(2) 두 개 이상의 수사가 결합하여 대략의 숫자를 나타내는 경우 그 형태가 바뀐다.

1~2	2~3	3~4	4~5	5~6	6~7
한두	두세	서너	네댓	대여섯	예닐곱

예〉 물 <u>한두</u> 잔 주세요.

지금 몇 시예요?　　　　　→ 아마 <u>두세</u> 시 됐을 거예요.

거기에 <u>서너</u> 명 있어요.

사과 <u>네댓</u> 개하고 배 <u>대여섯</u> 개 주세요.

그 아이는 몇 살이에요?　→ <u>예닐곱</u> 살일 거예요.

(3) 날짜를 셀 때는 다음과 같다.

1일		하루	하루이틀
2일		이틀	
3일		사흘	이삼일
4일		나흘	사나흘
5일	⇒	닷새	네댓새
6일		엿새	대엿새
7일		이레	
8일		여드레	일여드레
9일		아흐레	
10일		열흘	

2) 한자어 양수사

한자어 양수사는 '연, 월, 일, 개월, 원(돈), 분(시간), 쪽, 주일, 인분' 등에 쓰인다.

예 2021년 5월 30일   이천이십일년 오월 삼십일
     3개월   삼 개월
     50원   오십 원
     15분   십오 분
     34쪽   삼십사 쪽
     1주일   일 주일
     6인분   육 인분

2.1.3.2. 서수사

1) 고유어 서수사

(1) 차례나 횟수를 나타내며, 수 관형사의 형태가 된다.

> 예) 첫 번째, 두 번째, 세 번째, 네 번째, 다섯 번째......, 아홉 번째, 열 번째, 열한 번째, 열두 번째......

(2) '첫 번째 ~ 열 번째'는 '번'을 생략할 수 있다. 그러나 열 이상에서는 생략할 수 없다.

> 예) 첫째, 둘째, 셋째, 넷째, 다섯째, 여섯째,........열째, 열한 번째, 열두 번째....

2) 한자어 서수사

(1) 번호나 차례를 나타낸다.

> 예) 제일, 제이, 제삼, 제사, 제오......

2.2. 용언: 동사, 형용사

문장의 주어를 서술하는 기능을 가진 단어의 부류를 용언이라 하고, 용언의 어간에는 어미 '-다'가 붙는다.

2.2.1. 동사

문장의 주어가 되는 말의 움직임을 나타내는 단어의 부류를 동사(動詞)라고 한다. 즉, 사물의 동작이나 작용을 나타내는 품사로 형용사, 서술격

조사와 함께 활용을 하며, 그 뜻과 쓰임에 따라 본동사와 보조동사, 성질에 따라 자동사와 타동사, 움직임에 따른 동작동사와 작용동사, 어미의 변화 여부에 따라 규칙 동사와 불규칙 동사로 나뉜다.

동사에는 '가다, 걷다, 살다, 놀다'처럼 움직임이 그 주어에만 관련되는 자동사와 '먹다, 입다, 잡다'처럼 움직임이 목적어에 미치는 타동사가 있다. 그리고 '가다, 놀다, 먹다, 걷다, 살다' 등의 동작동사와 '피다, 뜨다, 흐르다, 지다' 등 의 작용동사로 분류하기도 한다. 동작동사는 사람이나 동물의 움직임을 나타내며 명령문과 청유문이 가능하지만 작용동사는 자연의 움직임을 나타내는 것으로 명령문과 청유문이 불가능하다.

동사는 활용어미를 취하는, 특히 명령형어미와 청유형어미를 취할 수 있는 단어로서 부사어의 수식을 받고 주로 사물의 움직임을 나타내는 단어 부류이다.

① 본동사: 문장의 중심이 되는 동사로 보조동사의 도움을 받는 동사로 '먹다, 적다, 돕다, 꺼지다' 등.

② 보조동사: 본동사와 연결돼 그 풀이를 보조하는 동사로 '보다, 두다, 드리다, 버리다 등.

예 먹어 <u>보다</u>.　적어 <u>두다</u>.　도와 <u>드리다</u>.　꺼져 <u>버리다</u>.

③ 자동사: 동사가 나타내는 동작이나 작용이 주어에만 미치는 동사로 '뜨다, 피다, 불다' 등.

④ 타동사: 동작의 대상인 목적어를 필요로 하는 동사로 '사다, 먹다, 받다' 등.

예 해가 <u>뜨다</u>. 꽃이 <u>피다</u>. 바람이 <u>분다</u>.

책을 <u>사다</u>.　밥을 <u>먹다</u>.　꽃을 <u>사다</u>.

⑤ 동작동사: 사람이나 동물의 움직임을 타나내는 동사.

　　◁예▷ 영수가 <u>가다</u>.　강아지가 밥을 <u>먹다</u>.　　아저씨는 산길을 <u>걷다</u>.

⑥ 작용동사: 자연의 움직임을 나타내는 동사.

　　◁예▷ 꽃이 <u>피다</u>.　시냇물이 <u>흐르다</u>.　해가 <u>뜨다</u>.

2.2.2. 형용사

문장의 주어가 되는 말의 성질이나 상태를 나타내는 단어의 부류로 크게 성상 형용사와 지시 형용사로 나뉜다. 어순 배열에 있어 '저렇게 예쁜 꽃'과 같이 지시형용사가 성상형용사 앞에 위치한다.

① 성상 형용사: 사람이나 사물의 성질이나 상태를 나타낸다.

　　◁예▷ 곱다, 달다, 아름답다, 향기롭다, 좋다, 싫다 등

② 지시 형용사: 사물의 성질이나 상태를 지시한다.

　　◁예▷ 이러하다, 저러하다, 그러하다 등

2.2.3. 동사와 형용사

(1) 동사와 형용사의 구별
① '-ㄴ/는다(현재형)'과 결합 유무

동사는 현재형어미 'ㄴ/는다'와 결합하지만 형용사는 결합하지 못한다.

> 예 학교에 간다. 밥을 먹는다. : *집이 큰다. *하늘이 높는다.

② '-는(관형사형)'의 활용 유무

동사는 관형사형어미 'ㄴ/는'과 결합하지만 형용사는 결합하지 못한다.

> 예 가는 사람, 먹는 사람 : *크는 집   *높는 하늘

③ '-아/어라(명령형)'과 '-자(청유형)'의 결합 유무

동사는 명령형어미 '-아/어라'와 청유형어미 '-자'와 결합하지만 형용사는 결합하지 못한다.[2]

> 예 학교에 가라. 밥을 먹어라. : *담이 낮아라. *하늘이 높아라.
> 학교에 가자. 밥을 먹자.   : *담아 낮자.   *하늘아 높자.

④ '-(으)려'(의도)나, '-(으)러'(목적)과 결합 유무

동사는 의도형어미 '-려'와 목적을 나타내는 어미 '-러'와 결합하지만 형용사는 결합하지 못한다.

> 예 기차가 막 출발하려 한다. : *나무가 크려 한다.
> 밥을 먹으러 식당에 갔다. : *영희를 좋으러 간다.

⑤ '-고 있-(진행)과 결합 유무

동사는 진행을 나타내는 '-고 있-'과 결합하지만 형용사는 결합하지 못한다.

> 예 학교에 가고 있다. 밥을 먹고 있다. : *하늘이 높고 있다. *꽃이 곱고 있다.

---

2) 일부 표어나 급훈 등에서 "성실하자"라고 사용하기도 한다.

(2) '있다'와 '없다'의 구별

'있다'는 현재형어미 '-는'과 결합이 가능할 뿐만 아니라 관형사형어미의 기능도 가능하다. 또한, 명령형어미, 청유형어미와도 결합하여 동사적 용법이 강하다. 그러나 '있다'는 두 가지로 나누어서 살펴봐야 한다. '어떤 장소에 머물다'의 의미일 경우에는 현재형어미와 명령형어미, 그리고 청유형어미와의 결합이 가능하므로 동사로 본다. 반면에 '실제로 존재하는 상태'의 의미로 "신이 있다, 증거가 있다." 등은 현재형과의 결합(*신이 있는다, *증거가 있는다)이나, 명령형이나 청유형 어미와의 결합(*신이 있어라/*증거가 있자)이 어렵기 때문에 형용사로 다룬다.

① 현재형어미

　예）집에 <u>있는다고</u> 했다. : *신이 있는다.

② 명령형어미와 청유형어미

　예）공부하고 집에 <u>있어라/있자</u>. : *신이 있어라. *신이 있자.

'없다'는 관형사형어미 '-는'과는 결합이 가능하지만, 현재형어미 '-는다'와 결합이 어색하며, 명령형어미, 청유형어미와도 결합하지 않는다.

　예）애인 <u>없는</u> 사람이 많다.
　　　*영수가 집에 <u>없는다</u>.
　　　*극장에 친구가 <u>없어라</u>/ *친구가 <u>없자</u>.

2.2.4. 보조용언

문장에서 의미의 중심이 되는 용언으로서 스스로 자립하여 실질적인 의미를 나타내는 용언을 본용언이라 하고, 단독으로 쓰일 수 없고 반드시 다른 용언의 뒤에 붙어서 그 의미를 더하여 주는 용언을 보조용언이라 한다. 보조용언에는 동사처럼 활용하는 보조동사와 형용사처럼 활용하는 보조형용사가 있다.

(1) 보조동사
　　① 부정: (-지) 아니하다, 말다, 못하다
　　② 사동: (-게) 하다, 만들다
　　③ 피동: (-어) 지다, 되다
　　④ 진행: (-어) 가다, 오다, (-고) 있다
　　⑤ 종결: (-어) 나다, 내다, 버리다
　　⑥ 봉사: (-어) 주다, 드리다
　　⑦ 시행: (-어) 보다
　　⑧ 강세: (-어) 대다
　　⑨ 보유: (-어) 두다, 놓다

(2) 보조형용사
　　① 희망: (-고) 싶다
　　② 부정: (-지) 아니하다, 못하다
　　③ 추측: (-는가,-나) 보다
　　④ 상태: (-어) 있다

참고 **보조동사와 보조형용사**

보조동사와 보조형용사는 본용언의 품사에 따라 결정된다. 즉, '가지 못하다'에서 '가다'의 본용언이 동사이므로 '못하다'는 보조동사이고, '곱지 못하다'에

서 '곱다'의 본용언이 형용사이므로 '못하다'는 보조형용사이다. 또한, 선어말
어미 '-는, -ㄴ-'이나 '-고 있-'이 붙을 수 있으면 보조동사이고, 그렇지 못하면
보조형용사이다. 즉, '책을 읽어 <u>보다</u>'는 '책을 읽어 본다/보고 있다'로 자연스
럽게 결합되므로 보조동사이다.

2.2.5. 용언의 활용

용언의 어간에 여러 어미가 결합하여 문법적 관계를 표시하는 현상을
활용이라고 한다.

2.2.5.1. 활용 유형

어간은 단어에서 가장 중핵적인 부분으로 항상 원래의 모습에 변화가
없지만 어미는 어간 뒤에 붙어 한 단어나 문장을 끝맺거나 연결하는 역할
을 하기 위해 수시로 모양을 바꾸어 활용을 한다. 용언의 활용은 문장의
종결 방식에 따라 문장을 끝맺는 종결형, 문장을 연결시켜주는 연결형,
문장의 기능을 바꾸어주는 전성형이 있다.

(1) 종결형: 문장을 끝맺는 활용형
   평서형: 로빈이 집에 <u>간다</u>.
   의문형: 로빈이 집에 <u>가니</u>?
   명령형: 로빈아, 집에 <u>가라</u>.
   청유형: 로빈아, 집에 <u>가자</u>.
   감탄형: 로빈이 집에 <u>가는구나</u>!

(2) 연결형: 문장을 연결시키는 활용형

대등적 연결: 영수는 집에 <u>가고</u>, 철수는 도서관에 간다.

종속적 연결: 봄이 <u>오면</u> 꽃이 핀다.

보조적 연결: <u>가게</u> 되었다.

(3) 전성형: 문장의 기능을 변화시키는 활용형

명사형: 그녀는 <u>웃음이</u> 많다.

부사형: 꽃이 <u>아름답게</u> 피었다.

관형사형: <u>예쁜</u> 꽃이 피었다.

2.2.5.2. 규칙과 불규칙 활용

활용할 때 어간이나 어미의 모습이 달라지는 경우가 있는데, 활용해도 어간이 바뀌지 않는 규칙 활용과 활용할 때 어간이나 어미의 기본형태가 달라지는 불규칙 활용이 있다.

(1) 규칙 활용: 활용해도 어간이 바뀌지 않는 경우이다.

> 예 잡다, 잡고, 잡아, 잡으니
> 벗다, 벗고, 벗어, 벗으니
> 닫다, 닫고, 닫아, 닫으니

어간의 기본형태가 바뀌더라도 '으', 'ㄹ' 탈락처럼 규칙적인 경우가 있다.

① '으' 탈락

'ㅡ'로 끝나는 어간은 예외없이('러'불규칙 용언은 제외) 모음으로 된 어미 '-어/아' 앞에서 모음 충돌을 막기 위해 'ㅡ'가 탈락된다.

> **예** 쓰어 → 써, 끄어 → 꺼, 따르아 → 따라, 바쁘아 → 바빠
> 아프아 → 아파, 기쁘어 →기뻐

② 'ㄹ' 탈락

'ㄹ' 탈락의 경우도 마찬가지다. 'ㄹ'받침을 가진 단어는 'ㄴ'와 'ㄴ, ㄹ, ㅂ, 오, ㅅ(시)' 앞에서 반드시 'ㄹ'이 탈락된다. 이와 같은 동사로 '울다, 살다, 알다, 돌다, 떨다, 멀다, 날다' 등이 있다.

> **예** 울다: 우니, 운, 울, 웁니다, 우오, 우소, 우시니
> 날다: 나니, 난, 날, 납니다, 나오, 나소, 나시니

(2) 불규칙 활용

활용할 때 어간이나 어미의 기본 형태가 달라지는 경우를 불규칙 활용이라 한다. 불규칙의 갈래에는 어간의 바뀜, 어미의 바뀜, 어간과 어미의 바뀜이 있다. 어간이 바뀌는 불규칙에는 'ㅅ'불규칙, 'ㄷ'불규칙, 'ㅂ' 불규칙, '르' 불규칙, '여'불규칙, '러'불규칙, 'ㅎ'불규칙 등이 있다. 자음으로 시작하는 어미가 올 때는 그 모습이 바뀌지 않지만 모음으로 시작하는 어미가 올 때는 어간이나 어미의 모습이 달라진다. 그리고 어미가 바뀌는 불규칙으로 '여' 불규칙, '러' 불규칙, '너라' 불규칙, '오' 불규칙이 있으며, 어간과 어미가 바뀌는 불규칙에는 'ㅎ' 불규칙이 있다.

① 어간의 바뀜
㉠ 'ㅅ'불규칙

어간이 'ㅅ'으로 끝난 일부 동사는 모음으로 시작되는 어미와 만나면 무성음 'ㅅ'[s]은 유성음 'ㅅ'[△]으로 바뀐다. 훈민정음 창제 이후 사용되었다가 임진란 이후 그 음가가 소멸되어 지금까지 이어진다.

'짓+어→지어, 굿+어→그어, 붓+어→부어, 낫+아→나아, 잇+어→이어' 등은 어간 받침 'ㅅ'이 모음 어미와 결합하면 탈락하여 없어진다. 이는 15세기에 무성음 'ㅅ'[s]이 유성음 'ㅿ'[z]으로 바뀌었다가 17세기 이후 그 음가가 소멸되었기 때문이다. 반면에 '벗+어, 솟+아, 웃+어, 씻+어, 빗+어, 빼앗+아' 등은 'ㅅ'이 탈락되지 않는다.

ⓒ 'ㄷ' 불규칙

어간이 'ㄷ'으로 끝나는 일부 동사는 모음으로 시작되는 어미와 만나면 'ㄷ'이 'ㄹ'로 바뀌는 현상이다. '걷+어→걸어, 깨닫+아→깨달아, 듣+어→들어, 묻(問)+어→물어, 싣+어→실어' 등은 '닫아, 믿어, 받아, 얻어, 묻(埋)어' 등과는 달리 어간 받침 'ㄷ'이 'ㄹ'로 바뀐다.

ⓒ 'ㅂ' 불규칙

어간 'ㅂ' 받침을 가진 동사가 모음으로 시작하는 어미를 만나면 무성음 'ㅂ'[p]이 유성음 'ㅂ'[β]으로 바뀌어 양성모음(ㅏ, ㅗ) 뒤에서는 반모음 'ㅗ'[w]나 단모음 '오'[o]로, 음성모음(ㅓ, ㅜ) 뒤에서는 반모음 'ㅜ'[w]나 단모음 '우'[u]로 바뀐다. '돕+아→도와, 곱+아→고와, 눕+어→누워, 덥+어→더워, 춥+어→추워, 밉+어→미워, 반갑+아→반가워, 어렵+어→어려워, 아름답+아→아름다와→아름다워' 등을 들 수 있다. '잡+아, 접+어, 입+어, 씹+어' 등은 규칙적인 활용으로 'ㅂ' 음가가 그대로 유지된다.

ⓒ 'ㄹ' 불규칙

용언의 어간이 '르'로 끝나는 경우 '-아/어'의 모음 어미가 오면 'ㅡ'가 탈락되고 초성 'ㄹ'[ɾ]은 받침 'ㄹ'[l]로 바뀌며 이로 인해 'ㄹ'[l]이 덧생긴다. '흐르다'를 설명할 때, '흐르-'는 자음으로 시작되는 어미 앞에서는 '흐르고, 흐르

며' 등 어간의 변화가 없지만, 모음 '-어/아'로 시작되는 어미 앞에서 '흘+ㄹ'
의 형태로 바뀐다. 즉, '빠르+아→빨+ㄹ+아→빨라, 흐르+어→흘+ㄹ+어→흘
러, 누르(壓)+어→눌+ㄹ+어→눌러, 가르+아(서)→갈+ㄹ+아(서)→갈라(서)' 등
을 들 수 있다.

ⓜ '우' 불규칙

'주+어→주어, 누+어→누어' 등에서처럼 모음 '우'로 끝나는 어간은 모음
어미와 결합해도 탈락하지 않는다. 그러나 '푸다'는 '푸+어→퍼'에서처럼
부사형 어미 '-어'와 결합하면 '우'가 탈락한다.

종류	조건		용례
'ㅅ' 불규칙	어간 말음 ㅅ + 어미(모음) → ㅅ탈락 밥을 짓(다) + 고 → 짓고 　　　　　 + 어서 → 지어서	규칙	벗다, 씻다, 빗다, 웃다, 솟다
		불규칙	짓다, 잇다, 긋다, 낫다
'ㄷ' 불규칙	어간 말음 ㄷ + 어미(모음) → ㄹ로 변화 음악을 듣(다) + 고 → 듣고 　　　　　 + 어서 → 들어서	규칙	닫다, 믿다, 받다, 얻다, 묻다
		불규칙	걷다, 깨닫다, 듣 다, 묻다, 싣다
'ㅂ' 불규칙	어간 말음 ㅂ + 어미(모음) → 오/우 이웃을 돕(다) + 고 → 돕고 　　　　　 + 아서→ 도와서 날씨가 덥(다) + 어서→ 더워서	규칙	입다, 잡다, 좁다
		불규칙	굽다, 돕다, 눕다, 덥다, 춥다
'ㄹ' 불규칙	어간 말음 르 + 어미(모음) → '一'탈락 초성 ㄹ이 받침 'ㄹ'로 바뀌고 'ㄹ'이 덧생김. 물이 흐르(다) +어서→흘르+ 어서 　　　　　 → 흘러서	규칙	치르다, 따르다, 들 르다
		불규칙	빠르다, 가르다, 고 르다, 모르다
'우' 불규칙	어간 말음 우 + 어미(모음) → 탈락 국을 푸(다) + 고 → 푸고 　　　　　 + 어서 → 퍼서	푸다	

② 어미의 바뀜

㉠ '여' 불규칙

부사형 어미 '-아'는 '잡+아, 막+아, 가+아' 등 어간 말음이 양성모음인 경우에 결합하고, '-어'는 '먹+어, 썩+어, 집+어' 등 어간 말음이 음성모음이 거나 단음절 어간이 '이'로 끝나는 경우에 결합한다. 그러나 '하다'의 어간 '하'는 '하여'처럼 어미 '-여'와 결합한다. 중세국어에서는 'ᄒᆞ+아 → ᄒᆞ야' 로 사용되었으나 현대어에서는 모음조화 붕괴로 '하여'로 사용되었다.

㉡ '러' 불규칙

모음으로 끝나는 어간에 부사형 어미 '-아/어'가 결합하면 '오르+아→올라', '기르+어→길러'처럼 어간이 바뀌는 '르' 불규칙과 '따르+아→따라', '들르+어 →들러'처럼 'ᅳ' 탈락 규칙이 있다. 그런데 이와는 달리 '푸르+어→푸르러', '누르+어→누르러', '이르+어→이르러' 등에서처럼 어미가 '러'로 바뀌는 불규 칙 현상이 있는데 이를 '러' 불규칙이라 한다.

㉢ '너라' 불규칙

명령형어미는 '-아라/-어라' 외에도 '-거라'와 '-너라'가 있다. '가거라, 오거라, 넣거라, 두거라, 먹거라' 등 '-거라'는 대부분 용언의 어간과 결합이 가능하므로 이는 규칙적인 현상으로 볼 수 있다. 그러나 '-너라'는 '오너라' 외에는 다른 어간 과 결합이 자연스럽지 않으므로 '너라' 불규칙 현상으로 다룬다.

종류	조건	용례
'여' 불규칙	어간 '하' + 아/어 → 여 청소하(다) + 고 → 청소하고 　　　　　+ 아 → 청소하여	'하다'와 '-하다'가 결합한 모든 용언
'러' 불규칙	어간 말음 + 아/어 → 어미가 '러'로 변화 집에 이르(다) + 고 → 이르고 　　　　　+ 어 → 이르러	이르다, 푸르다, 누르다
'너라' 불규칙	어간 '오' + 아라/어라 → 너라 이리 오(다) + 아라 → 오너라	오다

③ 어간과 어미의 바뀜

'ㅎ' 불규칙 용언은 어간과 어미가 함께 바뀌는 용언이다. 이는 '좋아→조아, 좋+은→조은'에서처럼 'ㅎ'이 탈락하는 규칙 활용과는 달리 '파랗+아→파래, 파랗+은→파란'이 되는 것을 보면 어간과 어미가 함께 바뀌는 것으로 설명해야 한다. 'ㅎ' 불규칙 용언은 동사는 없고 '파랗다, 빨갛다, 노랗다, 누렇다, 하얗다, 까맣다' 등 형용사만 있다.

종류	조건	용례
'ㅎ' 불규칙	어간 말음 'ㅎ'+아/어 → 어간 ㅎ탈락, 어미 변화 → 개나리는 노랗(다) + 고 → 노랗고 　　　　　+ 아 → 노래 　　　　　+ ㄴ → 노란	'ㅎ'받침의 모든 용언 좋다, 많다, 까맣다 하얗다, 이렇다, 그렇다, 저렇다, 파랗다. 빨갛다, 누렇다

2.3. 관계언: 조사

주로 체언 뒤에 붙어서 다양한 문법적 관계를 나타내거나 특별한 뜻을 더해 주는 관계사를 조사라고 한다. 조사는 형태상으로 활용하지 않지만, 서술격 조사는 활용하며, 의미상으로 격조사와 접속조사는 의미가 없으나 보조사는 구체적인 의미가 있다.

2.3.1. 격조사

한 문장에서 선행하는 체언으로 하여금 일정한 자격을 갖도록 해 주는 조사를 격조사라고 한다. 격조사에는 주격(이/가, 께서(높임), 에서(단체), 서(사람 수 '혼자서'), 서술격(사람이다), 목적격(을/를), 보격(이/가), 관형격(의), 호격(아/야, (이)여, (이)시여)과 부사격 조사가 있다.

· 주격조사: 산이 높다. 바다가 넓다.
　　　　　 부모님께서 오신다. 학교에서 모인다. 혼자서 잔다.

· 서술격조사: 영수는 학생이다.

· 목적격조사: 산을 넘다. 바다를 건너다.

· 보격조사: 물이 얼음이 되다. 철수는 바보가 아니다.

· 관형격조사: 하늘의 구름이 하얗다. 나의 동생이 귀엽다.

· 호격조사: 영수야, 이리 와. 순옥아, 빨리 와.
　　　　　 주여, 신이시여, 도와주소서.

· 부사격 : 처소(-에, -에서, -한테, -께,- 에게); 도구(-로써, -로); 자격(-로, -로서); 지향점(-로, -에) 원인(-에); 시간(-에); 소재지(-에); 낙착점(-에, -에게⟨유정명사⟩); 출발점(-에서, -에게서, -한테서); 비교(-처럼, -만큼, -대로, -하고, -와/과, -보다); 인용(-고, -라고).

〈한국어의 부사격 조사〉

의미	부사격조사	예문
처소	에서, 한테, 께, 에게, 에	나는 인천에서 산다. 영수한테 보냈다.
도구	로서, 로써	벽을 붓으로 칠한다. 쌀로써 떡을 만든다.
자격	(으)로, 로서	한국어 교사로서 해야 할 일이다.
지향점	로, 에	아침 일찍 학교로 간다. 나는 집에 간다.
원인	에	나무가 바람에 쓰러졌다.
시간	에	나는 다섯 시에 일어났다.
소재지	에	인하대학교는 인천에 있다.
낙착점	'에, 에게, 한테'	꽃을 친구에게 주었다. 나무에 물을 주었다.
출발점	'에서, 에게서, 한테서'	기차는 서울에서 출발했다. 동생에게서 온 편지이다.
비교	처럼, 만큼, 대로, 하고, 와/과, 보다	바보처럼 살았다. 너는 나보다 예쁘다.
변화	(으)로, 가(이)'	물이 포도주로 변했다. 올챙이가 개구리가 되었다.
동반	하고, 와(과)	누구하고 갈까? 누구와 같이 갈까?
인용	고, 라고	친구가 괜찮다고 말했어. "인생은 짧다"라고 말했다.

참고 이다(조사, 접미사)

선행하는 체언이 문장 안에서 일정한 자격을 갖추도록 하는 격조사의 기능
을 갖는다(체언이 서술어로서의 자격을 갖도록 함). 또한, 다른 격조사들은
그 형태가 고정되어 있으나 서술격 조사는 '이고, 이며, 이니, 이다' 등 활용한
다. 그리고 '이'를 선행어인 '학생'을 용언(서술어)으로 바꾸어주는 접미사로

보는 경향도 있다.

> **예** 영수는 학생<u>이다</u>(체언＋이다).
> 출발은 집에서부터<u>이다</u>(조사＋이다).
> 그녀가 좋아서<u>이다</u>(용언어미＋이다).

2.3.2. 접속조사

두 단어를 같은 자격으로 이어주는 조사로 '-과/와, -(에)다, -하고, -(이)며, -랑' 등을 들 수 있다.

> **예** 나는 엄마<u>와</u> 아빠를 좋아한다.(엄마를 좋아하고, 아빠를 좋아하는 겹문장에서 접속조사)
> 철수<u>와</u> 영희는 골목길에서 마주쳤다.(홑문장에서 접속조사)
> 배는 사과와 다르다. 이것은 저것과 다르다. (비교부사격 조사의 기능)
> 이것<u>과</u> 저것은 다르다.(접속조사)
> 시험<u>이고</u> 뭐고 다 그만 두어라.(두 가지 모두를 아우르는 접속조사)

2.3.3. 보조사

일정한 의미를 나타내는 가의성(앞말에 특별한 뜻을 더함) 조사로서, 말하는 이의 어떤 생각이 전제되었을 때 쓰인다. 보조사는 부사나 용언의 보조적 연결어미 뒤에 쓰이기도 한다(잘도 간다, 먹어는 보았다).

> **예** -은/는(주제, 대조); -만, -뿐(단독, 한정); -부터(시작); -밖에(한계선, 더없음); -(이)나, -(이)든지, -(이)라도(선택); -나(槪算, 어림); -나마 (불만, 덜참); -야말로(특별, 강조); -커녕(고사, 그만두기); -(이)ㄴ들(비특수); -도(첨가,동일); -까지(도급,미침); -조차(최종,더함); -마저(종결,끝남); -대로, 같이(같음); -서껀(섞여있음)

참고 이/가(격조사) : 은/는(보조사)

영수가 집에 갔다 : 영수는 집에 갔다.(다른 사람과 비교해서 영수는 집에
  갔음)
산이 높다 : 산은 높고, 바다는 넓다.(산과 바다 비교)
여기에서는 그런 일이 없다.(여기서만은)

2.4. 수식언: 관형사, 부사

관형사와 부사처럼 다른 말을 수식하는 기능을 가진 말을 수식언이라
한다. 관형사는 체언 앞에서 주로 명사를 꾸며 주며, 부사는 용언이나 문
장을 수식하는 기능을 한다.

2.4.1. 관형사

체언 앞에 놓여서 그 내용을 자세하게 꾸며주는 수식어로서 어미변화
를 하지 않는 불변화사다. 그리고 관형사에는 조사가 붙지 않는다. 관형사
에는 성상관형사, 지시관형사, 수관형사가 있다.

① 성상관형사 : 체언이 가리키는 사물의 성질이나 상태를 꾸며주는 관
  형사로 '새, 헌, 첫'
② 지시관형사 : 지시성을 띠는 관형사로 '이, 그, 저, 어떤, 무슨, 다른'
③ 수관형사 : 명사의 수량이나 순서를 표시하는 관형사로 '한, 두, 세,
  첫째, 둘째, 제일, 제이'

참고 관형사 및 용언의 관형사형

관형사는 '새, 헌, 첫, 다른, 이, 그, 저, 한, 두, 세' 등을 들 수 있다. 그러나
용언의 관형사형은 동사나 형용사의 어간에 관형사형 어미 '-(으)ㄴ, -(으)ㄹ'
등과 같이 어미가 결합된 형식이다. 관형사와 관형사형 어미 모두 체언을
수식하는 문장 성분인 관형어이다. 아래 예문에서 ①의 '첫'과 '새'는 관형사
이고, ③, ④는 용언의 관형사형이다. ②에서 앞의 '다른'은 '他(other)'의 의미
로 관형사로 굳어진 것이지만, 뒤의 '다른'은 '다르다(different)'의 의미로 용언
의 관형사형이다. 따라서 전자의 품사는 관형사이지만, 후자의 품사는 형용
사이다.

① 영미는 첫 학기라 새 마음으로 등교하였다.
② 다른 나라에서 유입된 문화는 우리 전통 문화와는 다른 점이 있다.
③ 노란 장미와 붉은 장미가 화단 가득히 피었다.
④ 큰 집에서 사는 것이 반드시 행복할 것이라고 말할 수는 없다.

2.4.2. 부사

주로 용언(동사나 형용사)이나 문장을 꾸밈으로써 그 의미를 더욱 명확
하게 한다. 부사는 어미활용을 하지 못하는 불변화사이며, 보조사를 취하
기도 하고, 명사를 꾸미기도 한다.

예〉 우체국 바로 옆이 우리 집이다.
영수는 집으로 바로 갔다.(용언 수식)
내가 원하는 것이 바로 그것이다.
오직(다만, 단지) 당신뿐이다.(체언 수식)

부사는 문장에서의 역할에 따라 성분부사와 문장부사로 나뉜다. 성분
부사는 문장의 한 성분을 수식하는 부사로 성상부사('어떻게'의 방식으로

꾸며주는 부사 : 날씨가 <u>매우</u> 차다), 의성·의태부사('철석철석, 울긋불긋'
처럼 소리와 모양을 흉내내는 부사), 지시부사(방향·거리 등을 지시하는
부사 : <u>이리</u> 오너라), 부정부사(용언의 의미를 부정하는 부사 : <u>못</u> 보았다,
<u>안</u> 간다)가 있다. 문장부사는 문장 전체를 수식하는 부사로 양태부사(말
하는 이의 태도를 표시하는 부사 : <u>설마</u> 거짓말이야 하겠느냐?), 접속부사
(앞의 문장을 뒤의 문장에 이어주면서 뒤의 말을 꾸며주는 부사 : 지구는
돈다. <u>그러나</u> 아무도 믿지 않았다)가 있다.

참고 부사의 기능

부사는 용언(동사, 형용사)이나 문장을 수식함으로써 그 의미를 분명하게 하
는 주된 기능을 갖는다. 그러나 몇 가지 부수적인 기능도 있다.

예 철수는 <u>매우</u> 부자다.(명사 수식)
영희는 <u>겨우</u> 하나를 먹었다.(수사 수식)
아버지는 <u>아주</u> 새 차를 사셨다.(관형사 수식)
<u>여기</u> 앉아라.(지시부사로 대명사적 용법)

또한, 부사는 수식 기능이 없는 경우도 있다.
예 비행기 <u>또는</u> KTX로 가는 것이 좋다.
영미는 집에 갔다. <u>그러나</u> 나는 도서관에 갔다.

2.5. 독립언: 감탄사

독립언에는 감탄사 외에도 '영순아'처럼 체언에 호격조사가 붙는 경우
와 '청춘, 이는 듣기만 하여도'처럼 제시어를 내포한다.
감탄사는 화자의 부름, 말하는 이의 본능적 놀람이나 느낌을 표시하는

품사로 형태가 변하지 않으며, 놓이는 위치가 비교적 자유롭다.

> 예 **여보**, 눈이 왔어요.
>
> **아**, 세월이 너무 빨라요.
>
> **네**, 그래요.

참고 '감탄사' 더 알아보기

> 예 **있지**, 나 할 얘기가 있어.(의지의 감탄사)
>
> 실직자 수당이라든가 **뭐**, 그런 게 충분하면 좋으련만!(소리의 감탄사)
>
> 남편이 **어디** 어린앤가?(감정 감탄사)

▶ 감탄사와 다른 품사 구별하기

> 예 **좋다**! 우리 함께 가자.(감탄사) / 나는 이 그림이 더 **좋다**.(형용사)
>
> **아니**, 그것이 더 좋아.(감탄사) / **아니** 놀고 무엇해?(부사)
>
> **정말**, 그가 말한 것이 진실이야.(감탄사) / 그것이 **정말**이야?(명사)
>
> **웬걸**! 아직 시작도 못했어.(감탄사) / **웬 걸** 이렇게 많이 보내왔니?(관형사
>
> +의존명사)

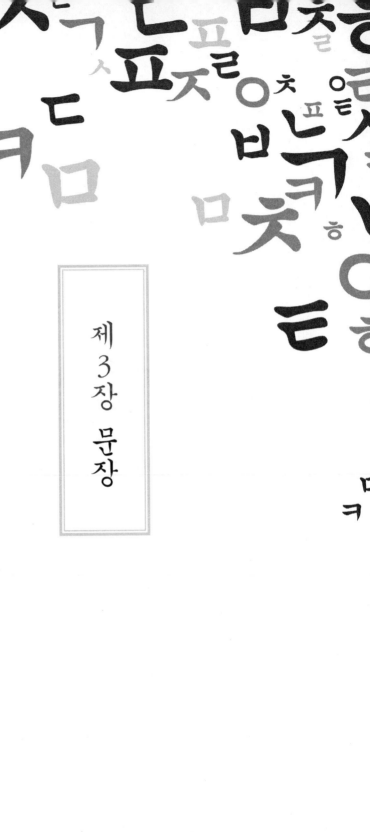

제
3
장
문장

쉽고 간결한 한국어 문법과 표현

제3장

문장

1 문장의 성분

　문장은 주어부와 서술부를 갖는데, 주어부는 문장에서 주어와 그에 딸린 부속성분을, 서술부는 문장에서 서술어와 그에 딸린 부속성분 및 목적어와 보어를 갖는다. 문장을 구성하면서 일정한 문법적 기능을 하는 요소를 문장 성분이라 한다. 한국어 문장을 이루는 성분에는 주성분, 부속성분, 독립성분이 있다. 주성분은 문장을 이루는 필수 성분으로 '주어, 목적어, 보어, 서술어'가 있다. 부속성분은 주성분의 내용을 수식하는 것으로 '관형어, 부사어'가 있다. 그리고 주성분이나 부속성분에 직접적인 관계가 없이 문장에서 따로 떨어져 독립해 있는 독립성분인 '독립어'가 있다.

1.1. 주성분

(1) 주어
　주어는 문장의 주체를 나타내는 말로, 기본 문장에서 '무엇이, 누가'에 해당하는 필수 성분이다. 주로 체언이나 명사구, 명사절에 주격조사가 결합하여 주어가 될 수 있다. 이때 주격조사가 생략될 수도 있고, 보조사가 붙을 수도 있다.

주어	예문
① 체언+주격조사(이/가)	· <u>상수가</u> 학교에 가요. · <u>꽃이</u> 예쁩니다. · <u>너</u> 어디 가니? · <u>민수도</u> 학교에 가요.
② 명사구+주격조사(이/가)	· <u>저 새 차가</u> 상수의 것이다.
③ 명사절+주격조사(이/가)	· <u>눈이 오기가</u> 쉽지 않다.
④ 높임의 명사+주격조사(께서)	· <u>선생님께서</u> 책을 읽으십니다.
⑤ 단체 무정명사+주격조사(에서)	· <u>우리 학교에서</u> 우승을 했습니다.

참고 구와 절

구는 중심이 되는 단어와 그것에 부속되는 단어를 한데 묶은 언어 형식으로 주어와 서술어 관계가 이루어지지 않는다.

예 <u>나의 꿈은</u> 한국어 선생님이 되는 거예요.

반면에 절은 두 개 이상의 어절이 모여 하나의 의미 단위를 이룬다는 점에서 구와 비슷하다. 절은 따로 독립하면 문장이 되는 구성이면서 완전히 끝나지 않고, 다만 문장 속의 어떤 성분으로 안겨 있는 언어 형식을 말한다. 주어와 서술어를 갖고 있다는 점에서 구와 구별되고, 더 큰 문장 속에 들어 있다는 점에서 문장과 구별된다.

예 나는 <u>민호가 야구선수임을</u> 알고 있어요.

(2) 서술어

서술어는 주어의 동작, 상태, 성질 따위를 풀이하는 기능을 가진 문장

성분으로 기본문장에서 '어찌하다, 어떠하다, 무엇이다'에 해당하는 말이
다. 서술어는 '동사(①), 형용사(②), 체언+서술격 조사(③), 본용언+보조용
언(④)'의 형식으로 나타나는 것이 일반적이다.

① 아기가 <u>운다</u>.
② 바다가 <u>넓다</u>.
③ 영호는 <u>학생이다</u>.
④ 보게 되었다. <u>풀어 보았다</u>.

이외에도 서술어는 '동사, 형용사, 체언+서술격 조사'의 어간에 연결어
미, 또는 관형사형 어미나 명사형 어미와 같은 전성 어미가 연결되어 이루
어지기도 한다.

> **예** 비가 이렇게 <u>오는데</u>, 기어이 가시겠습니까?
> 산이 이렇게 <u>아름다운</u> 줄을 몰랐다.
> 그가 <u>대학생이었음을</u> 알았다.

참고 '이다'의 특성

서술격 조사 '이다' 앞에는 흔히 체언이 오지만, 부사의 성분이 올 수도 있다.

> **예** 아버지를 만난 것은 <u>학교에서이다</u>.
> 중요한 것은 그가 언제 <u>오느냐이다</u>.

다음으로 서술어 자릿수에 대해 알아보기로 한다. 서술어는 그 종류에
따라 몇 개의 문장성분을 필수적으로 요구하느냐에 차이가 있는데 이것
을 서술어의 자릿수라고 한다. 자동사는 한 자리, 타동사는 두 자리의 필
수적 문장성분을 요구하는 것이 보통이다.

⑤ 꽃이 피었다. (주어)

⑥ 아기가 밥을 먹는다. (주어, 목적어)

영이는 선생님이 되었다. (주어, 보어)

이곳의 기후는 농사에 적합하다. (주어, 부사어)

⑦ 민희가 나에게 꽃을 주었다. (주어, 부사어, 목적어)

그는 책을 베개로 삼았다. (주어, 목적어, 부사어)

⑤의 '피다'는 한 자리 서술어로 주어 하나만을 요구하며 ⑥의 '먹다', '되다', '적합하다'는 두 자리 서술어로 주어 외에도 각각 목적어, 보어, 부사어에 해당하는 또 하나의 성분을 더 필요로 한다. ⑦의 '주다'와 '삼다'는 주어 외에 두 자리의 성분을 요구하는 세 자리 서술어이다. 세 개의 문장 성분을 필요로 하는 서술어에는 '주다, 드리다, 바치다, 가르치다, 얹다, 넣다, 놓다, 여기다, 만들다, 간주하다' 등이 있다.

또한 ⑧의 예문들에서 보이듯 형태가 동일한 용언의 경우에도 용언이 자동사인지 타동사인지 또 어떠한 의미로 사용되었는지에 따라 문장에서 요구하는 성분의 개수가 다를 수 있다.

⑧ 아이들이 논다.　　아이들이 윷을 논다.

자동차가 움직인다.　사람들이 바위를 움직인다.

날씨가 좋다.　　나는 기타가 좋다.

(3) 목적어

목적어는 문장에서 '무엇을'에 해당하는 것으로, 체언이나 명사구, 명사절에 목적격 조사 '을/를'을 붙여 쓴다. 한국어에서 목적어는 보통 주어 뒤에 서술어 앞에 위치한다.

> **예** 아베 씨는 <u>한국어를</u> 잘해요.
>
> 그는 <u>아주 새 차를</u> 샀다.
>
> 나는 <u>그녀가 한국 사람임을</u> 알아요.

또한, 목적어는 목적격 조사 없이도 쓸 수 있고, 목적격 조사 대신 보조사가 쓰일 수 있으며, 같이 쓰일 수도 있다.

> **예** 아베 씨는 <u>한국어</u> 잘해요.
>
> 메르베는 <u>꽃도</u> 좋아해요.
>
> 리자는 <u>꽃만을</u> 좋아해요.

그리고 목적어가 하나 이상일 수도 있고, '방향, 처소'를 나타내는 말이 목적격 조사를 취하기도 한다.

> **예** 할아버지께서 나에게 <u>용돈을 천원을</u> 주셨어요.
>
> 너, <u>어디를</u> 가니?
>
> 민호는 <u>도서관을</u> 갔다.

(4) 보어

보어는 서술어의 의미를 보충해 주는 말로, 서술어 '되다, 아니다' 앞에 나타나는 필수 성분으로 보격조사(이/가)가 붙어 보어를 이룬다.

> **예** 로안은 <u>대학생이</u> 아니다.
>
> 물이 <u>얼음이</u> 되었다.

보어는 서술어의 의미를 보충해 주는 말이다. 그러나 학교문법에서는 서술어 '되다', '아니다' 앞에 나타나는 필수적 성분으로 보격조사 '이/가'가 붙은 말만을 보어로 보고 있다. 따라서 예문 ①과 ④는 서술어 '아니다', '되다' 앞에 보격조사 '가'와 '이'가 붙어 보어이다.

그러나 ②의 '천재는', ⑤의 '포도주로'는 서술어 '아니다', '되다'를 갖지만 보격조사 '가'나 '이'가 아니므로 보어로 볼 수 없게 된다. 또한 ③의 예문에서 '천재가'는 보격조사를 갖지만 '맞다'가 보어를 갖는 서술어 '되다, 아니다'가 아니므로 보어가 아닌 것이다.

① 민수는 천재가 아니다.
② 민수가 천재는 아니다.
③ 민수는 천재가 맞다.
④ 물이 포도주가 되었다.
⑤ 물이 포도주로 되었다.

그러나 학계에서는 주어와 목적어 이외에 서술어가 요구한 모든 필수 성분을 보어로 보자는 견해가 일반적이다. 이러한 견해를 받아들이면 예문 ②, ③, ⑤의 서술어 앞에 나오는 성분은 주어 이외에 서술어가 필수적으로 요구하는 성분이기에 보어로 볼 수 있게 된다. 하지만 서술어의 자릿수를 고려하여 예문 ②의 '천재는'과 예문 ⑤의 '포도주로'를 보어로 보면 '이, 가' 외에 '는'이나 '로'를 보격조사로 보아야 하므로 부사격조사와 보격조사를 구별하기 어렵게 되는 문제가 발생한다. 그리고 ③의 '천재가'를 보어로 볼 경우 서술어를 '되다', '아니다'에 국한시킬 필요가 없게 된다.[1]

---

1) 학교문법으로 보면 서술어가 '맞다'이므로 '천재가'는 보어가 아니라 필수 부사어로 볼 수밖에 없다. 이에 보어에 대한 문제가 발생할 수 있다.

1.2. 부속성분

(1) 관형어

관형어는 체언을 수식하는 부속성분으로 반드시 체언 앞에 놓이며, 단
독으로 쓰이지 못한다.

> 예 **새** 구두를 샀어요.
>
> **시원한** 물을 마시고 싶어요.
>
> 제가 **좋아하는** 운동은 축구예요.

관형어는 체언을 수식하는 부속성분으로 관형어를 이루는 형식에는 여
러 가지가 있다.

① 관형사(새 마음, 헌 책)
② 체언+관형격 조사(영희의 책, 한국의 기후)
③ 용언의 관형사형(먹은 사람, 갈 사람)
④ 관형절(마당이 넓은 시골집, 인구가 많은 도시)
⑤ 단순한 체언(학교 친구, 부모 사랑, 그것 가운데)

관형격 조사는 '의' 하나뿐이며, 그 기능은 주어의 기능, 목적어의 기능,
부사어의 기능, 그리고 은유적인 기능 등이 있다.

① 주어의 기능 : 엄마의 사진(엄마가 찍거나 간직하신 사진)
　　　　　　　　　　　형의 편지(형이 쓴 편지나 전한 편지)
② 목적어의 기능 : 엄마의 사진(엄마를 찍은 사진)
③ 부사어의 기능 : 군대 간 형의 편지(형에게 온 편지)

④ 은유적인 표현의 기능[2] : 평화의 비둘기(비둘기는 평화이다)

또한, 한 문장에서 두 개 이상의 관형어가 쓰일 수 있다. 이 경우 '지시 관형사→수 관형사→성상 관형사'의 순서로 쓴다.

〈예〉 저 두 젊은 사람은 대학생이다.(지시 관형사→수 관형사→성상 관형사)

(2) 부사어

부사어는 서술어의 의미가 분명하게 드러날 수 있도록 수식하는 부속 성분이다. 부사어는 성분 부사어와 문장 부사어가 있다.

① 성분 부사어

성분 부사어는 특정한 성분을 꾸며 주는 부사어로 용언, 관형사, 다른 부사, 체언을 꾸민다.

〈예〉 어서 떠나자(용언).
아주 새(관형사) 차를 샀다.
매우 조금(부사) 먹었다.
겨우 셋(체언)이 그들과 겨룰 수 있었다.

② 문장 부사어

문장 부사어는 문장 전체를 꾸며 주는 부사어로 주로 화자의 태도를 반영한다. 또한, 문장 부사어에는 '그러나, 그리고, 그러므로'와 같은 문장 접속 부사나 '및'과 같은 단어 접속 부사가 있다.

〈예〉 과연 그는 위대한 정치가다.
확실히 그는 머리가 좋은 사람이다.
그러나 희망이 아주 사라진 것은 아니다.

- -
2) '무엇이 무엇이다'로 해석될 수 있는 표현이다.

정치 및 경제가 중요하다.

부사어는 보조사를 비교적 자유롭게 취하고(①), 관형어와 달리 자리 이동이 비교적 자유롭다(②).

> 예 ① 빨리도 가는구나.
> ② 의외로 그가 시험에 떨어졌다.
> 　그가 의외로 시험에 떨어졌다.
> 　그가 시험에 의외로 떨어졌다.

단, 다른 부사어나 관형어, 체언 등을 꾸밀 때에는 자리 이동이 허용되지 않는다.

> 예 그는 밥을 매우 많이 먹었다. 　　* 그는 밥을 많이 매우 먹었다.
> 아주 새 차를 샀다. 　　　　　　* 새 아주 차를 샀다.
> 바로 너의 책임이다. 　　　　　　* 너의 바로 책임이다.

또한, 부정(否定) 부사는 자리 이동이 허용되지 않으며, 문맥 속에서 단독으로 쓰일 수 있다.

> 예 영수는 학교에 안 간다. 　　　　* 영수는 안 학교에 간다.
> 도서관에 못 들어간다. 　　　　　* 도서관에 들어 못 간다.
> "이곳에 늘 오시나요, 가끔 오시나요?"
> "가끔"

참고 '에'와 '에게'

지향점이나 소재를 나타내는 '에게'는 유정명사, '에'는 무정명사에 쓰이지만, 부류를 나타내거나 화제의 대상이 될 경우에는 '에'를 쓴다.

> 예 꽃에 물을 주었다. 친구에게 꽃을 주었다.

친구에 좋은 친구와 나쁜 친구가 있다.

1.3. 독립성분

　독립어는 다른 문장 성분들과 관계없이 독립적으로 성립되는 성분으로 독립어를 빼도 나머지 부분만으로 완전한 문장이 된다. 독립어로는 감탄사, 체언+호격조사, 제시어 등이 올 수 있다.

　　예 **아**, 세월은 잘 간다.(감탄사)

　　　영희야, 더운데 창문 좀 열어라.(체언+호격조사)

　　　청춘, 이는 듣기만 하여도 가슴이 설레는 말이다.(제시어)

2 　문장의 어순

　한국어는 '주어+서술어'의 기본 어순을 가지고 있다. 그리고 서술어의 종류에 따라 목적어, 보어와 부사어가 필요한 경우가 있다. 서술어는 문장의 끝에 위치하고, 목적어와 보어, 부사어는 주어와 서술어 사이에 위치한다. 한국어의 문장 어순은 일반적으로는 SOV(주어+목적어+서술어)의 형이다. 그리고 수식언인 관형어는 체언의 주어와 목적어를 수식하고, 부사어는 서술어를 수식하므로 그 앞에 위치한다. 이에 한국어의 자연스런 문장 어순에 따른 주요 문장 성분의 위치를 보이면 다음과 같다.

(1) 주어, 서술어의 위치

주어는 문두에, 서술어는 문미에 위치한다.

　예　꽃이 핀다.　바람이 분다.

(2) 목적어의 위치

목적어는 주어 다음에, 그리고 서술어 앞에 위치한다.

　예　영수는 빵을 먹었다.

(3) 보어의 위치

보어는 주어 다음에, 서술어 앞에 온다.

　예　영수는 대학생이 / 바보가 아니다.

　　　물이 얼음이 되었다.

(4) 관형어의 위치

관형어는 주어나 목적어 앞에 온다.

　예　푸른 하늘이 높다.　영수는 새 책을 샀다.

(5) 부사어의 위치

① 부사어는 대체로 서술어 앞에 오며, 목적어 뒤에 온다.

　예　영미는 열심히 공부한다.

　　　그 분은 영수를 양자로 삼으셨다.

② 부사어는 부사어 앞에 오고, 간접목적어인 부사어는 직접목적어의 앞에 배열된다.

예 할머니는 <u>아주</u> 잘 주무신다.
영수는 <u>소녀에게</u> 꽃을 선물했다.

③ 부정 부사어 '못, 안'은 일반 부사어 뒤에 온다.

예 차가 너무 <u>못</u> 간다.
학생들이 빨리 <u>안</u> 온다.

3 문장의 짜임

3.1. 홑문장과 겹문장

문장에는 주어와 서술어가 한 번 나타나는 경우의 홑문장과 두 번 이상 나타나는 경우의 겹문장이 있다.

```
        ┌ 홑문장 - 주어 + 서술어
문장 ┤
        └ 겹문장 ┬ 이어진 문장: (주어 + 서술어) + (주어 + 서술어)
                    └ 안은 문장: 주어 + (주어 + 서술어) + 서술어
```

(1) 홑문장
서술어가 한 번만 나타나서, 주어와 서술어와의 관계가 한 번만 맺어져 있는 문장의 형태로 단문이라고도 한다.

예 눈이 온다.
항이는 꽃을 샀다.

민희는 유학을 가게 되었다.[3]

(2) 겹문장

　주어와 서술어의 관계가 두 번 이상이 있는 문장으로 서로 안김의 관계를 나타내거나 이어지는 관계를 나타내는 문장의 형태로 복문이라고도 한다.

　① 안은 문장: 문장 속의 문장으로 문장 속에 다른 홑문장이 절의 형태로 포함되어 있는 겹문장이다.

　　예 미가는 <u>우리가 오기를</u> 기다린다.
　　　　나는 <u>비가 온다는</u> 사실을 알았다.

　② 이어진 문장: 홑문장이 여럿이 이어져 이루어진 겹문장이다.

　　예 눈이 와서 길이 미끄럽다.
　　　　제주도는 비가 오고, 서울은 눈이 온다.

3.2. 안은 문장

　안은 문장은 문장 안에 홑문장을 포함한 문장이며, 안긴 문장은 안은 문장 안에 포함된 문장으로 일종의 내포문이라 한다.

우리는 <u>철수가 시험에 합격했다는</u> 소식을 들었다.
(안긴 문장)　　　　　　　　　　　　　(안은 문장)

---

3) '가게 되었다'는 본용언과 보조용언이 결합된 형식으로 전체가 하나의 서술어로 쓰여 주어인 '민희'와 호응을 이룬다.

3.2.1. 명사절을 안은 문장

주어와 서술어의 관계로 구성되는데 명사의 역할을 하며, 형태는 '-(으)ㅁ/-기'로 나타난다. 이때 '-(으)ㅁ'은 객관성, 완료성, '-기'는 주관성, 미완료성의 예정을 나타낸다. 그리고 관형사절의 형태인 '눈이 온 것'은 '눈이 왔음'으로 대체가 가능하므로 명사절로 볼 수 있다.

> 예┃ 나는 밤새 <u>눈이 왔음을</u> 알았다.
> 나는 <u>눈이 오기를</u> 기다린다.
> 나는 <u>눈이 온 것을</u> 알았다.[4]

3.2.2. 관형절을 안은 문장

관형절을 만드는 형태는 '-(으)ㄴ', '-는', '-(으)ㄹ', '-던', '-다(라)는', '-고 하는' 형태로 나타난다.

(1) 짧은 관형절
내포문의 관형사형어미 '-(으)ㄴ, -(으)ㄹ'로 '기억, 사건, 사실, 경험' 등의 명사를 꾸며주는 관형절이다.

> 예┃ 나는 <u>미영이를 만난</u> 기억이 없다.
> 나는 <u>배가 떠난</u> 사실을 모른다.
> <u>네가 놀랄</u> 사건이 일어났다.

---

4) 관형사형어미 '-는/-ㄴ'이 있어 관형사절로 볼 수도 있다.

(2) 긴 관형절

[종결어미 '-다(라)' + 관형사형어미 '-는/-고 하는']의 관형절로 '소문, 인상, 제안, 질문' 등의 명사를 꾸며주며, 간접인용의 안긴 형식이다.

> **예** 우리 마을에 <u>경사가 났다는</u> 소문이 있다.
> 나는 <u>그분이 예술가라는</u> 인상을 받았다.
> 우리는 <u>영수가 함께 일을 하자는</u> 제안에 응하기로 했다.

(3) 동격관형절과 관계관형절

관형절은 모든 성분을 다 갖춘 관형절로 수식받는 명사의 성격을 한정하는 동격관형절과 수식받는 명사와 관련된 성분이 관형절 속에 생략되어 나타나는 관계관형절로 나뉜다.

> **예** ① 영수는 <u>친구가 떠난</u> 사실을 모른다.
> ② 나는 <u>그가 나에게 책을 빌려준</u> 기억이 없다.
> ③ <u>목이 긴</u> 기린은 잘 달린다.
> ④ <u>그가 그린</u> 그림이 장원으로 뽑혔다.
> ⑤ <u>빨간</u> 장미가 아주 예쁘다.

위의 예문에서 ①, ②는 모든 성분을 갖춘 동격관형절이다. 즉, 내포문의 '친구가 떠나다', '그가 나에게 책을 빌려주다'는 생략된 성분이 없다. 반면에 ③, ④, ⑤의 예문은 '( )은 목이 길다', '그가 ( )그리다', '( )이 빨갛다' 등 '기린은', '그림을', '장미가' 등의 성분이 생략된 관계관형절 문장이다.

3.2.3. 부사절을 안은 문장

부사절을 안은 문장은 사실 종속적 이어진 문장의 변형 문장으로 볼 수 있다. 기존 학교문법에서는 '없이, 달리, 같이' 등과 같이 부사화접미사

'‑이'가 붙어 용언으로부터 파생된 부사들만을 부사절로 보았으나, 현재는 종속적으로 이어진 문장의 종속절을 부사절로 인정하고 있다.

> 예 비가 <u>소리 없이</u> 내린다.
> 산에 <u>꽃이 아름답게</u> 피었다.
> 길이 <u>눈이 와서</u> 미끄럽다.
> 영수는 <u>땀이 나도록</u> 뛰었다.

이어진 문장은 앞의 문장 서술어가 '-없이, -게, -아서, -도록, -면, -니까' 등 종속적 연결어미를 갖는 부사형어미이다. 즉 '소리 없이 비가 내린다.', '눈이 와서 길이 미끄럽다'의 이어진 문장을 뒤 문장 주어가 맨 앞으로 이동함으로써 '비가 소리 없이 내린다', '길이 눈이 와서 미끄럽다' 등 부사절 안은 문장의 형식으로 전환된 것이다.

3.2.4. 서술절을 안은 문장

서술절 안은 문장은 문장(주어+서술어)이 절이 되어 서술어의 구실을 한다. 서술절은 어미나 접사가 결합하여 형성되는 다른 절과 달리 절 표지가 따로 없이 'S + V (S + V)'의 형식으로 전체 서술어(S + V)가 서술절이 되는 문장 형식이다. 따라서 외형적으로 보면 '주어 + (주어+서술어)'의 형식으로 주어가 두 개 있는 것처럼 보인다.

> 예 시골은 <u>마당이 넓다</u>.
> 타조는 <u>알이 크다</u>.
> 기린은 <u>목이 길다.</u>

서술절 안은 문장은 보어를 갖는 홑문장과 유사하다.

예 ① 물이 <u>얼음이</u> 되었다.(주어+보어+서술어)
② 서울은 <u>인구가</u> 많다.(주어+주어+서술어)

위의 문장에서 ①은 홑문장이다. 왜냐하면 '얼음이'는 서술어 '되다'의 주어인 '무엇이'에 해당하는 주체적인 특성을 갖지 못한다. 왜냐하면 '얼음으로'의 보어의 속성을 갖기 때문이다. 따라서 '얼음이 되었다' 만으로는 완전한 문장을 갖지 못해 새로운 주어 '물이'를 필요로 하는 2자리 서술어이다. 반면에 ②의 '인구가'는 서술어인 '많다'의 주어의 특성 '무엇'에 해당되므로 '인구가 많다'는 완전한 문장이 성립되는 1자리 서술어이다. 따라서 '서울은 인구가 많다'의 문장은 주어가 2개로 서술절을 갖는 겹문장이다.

3.2.5. 인용절을 안은 문장

다른 사람의 말이나 자신이 말한 내용 또는 생각을 그대로 가져와 쓸 경우, 형태는 '-고', '-라고', '-하고' 등으로 적는다. 이때 직접 인용은 큰 따옴표(" ")를 앞뒤에 붙이는 것이 원칙이다.

예 나는 <u>그의 말이 옳다고</u> 생각한다.(간접)
민수는 빨리 가자고 말했다.(간접)
영희는 "날씨가 정말 좋아요."라고 말했다.(직접)
강아지가 "멍멍"하고 짖었다.[5](직접)

---

5) 직접 인용을 나타내는 형태는 주로 '-라고'와 '하고'를 사용한다. '-라고'는 어미이므로 붙여 쓰고, '하고'는 어간이므로 띄어쓴다.

3.3. 이어진 문장

홑문장 두 개 이상이 연결어미에 의해 이어져 겹문장을 이루는 구조로 접속문이라고도 한다. 이어진 문장은 대등하게 이어진 문장과 종속적으로 이어진 문장으로 나뉜다.

> 문장A + 연결어미 + 문장B

3.3.1. 대등하게 이어진 문장

앞 문장과 뒷 문장의 의미 관계가 대등하게 이루어진 문장으로 앞 뒤의 문장을 바꾸어도 의미가 변화되지 않는다. 대등하게 이어진 문장의 형태는 '-고', '-(으)며', '-(으)나', '-지만', '-다만', '-거나', '-(으)ㄴ/는데', '-든지' 등처럼 나열이나 대조나 선택의 의미에 사용된다.

예 인생은 짧고 예술은 길다.
어머니께서는 신문을 <u>읽으시며</u>, 아버지께서는 편지를 쓰신다.
나는 TV를 <u>보나</u>, 그는 TV를 보지 않는다.
그녀는 <u>뚱뚱한데</u> 나는 날씬하다.
영희가 문병을 <u>가든지</u>, 철수가 문병을 가든지 해야 한다.

3.3.2. 종속적으로 이어진 문장

앞 문장과 뒷문장의 의미 관계가 종속적으로 이루어진 문장이다. 즉, 앞의 문장의 원인이라면 뒤의 문장은 이에 영향을 받은 결과의 문장이므로 앞 뒤 문장을 바꾸면 문장의 성립이 안 된다. 형태는 '-(으)면', '-자', '-거든', '-다가', '-려고', '-ㄹ수록', '-아/어/여서' 등으로 원인, 이유, 조건, 가정, 결과의 반대, 첨가, 의도, 순차적인 경우에 사용된다.

> _예 봄이 <u>오면</u> 꽃이 핀다.(조건, 가정)
> 눈이 <u>와서</u> 길이 미끄럽다.(원인)
> 매일 <u>운동하였으나</u> 살이 빠지지 않았다.(결과의 반대)
> 산에 <u>오를수록</u> 비는 세차게 내렸다.(첨가)
> 나는 어머니께 <u>드리려고</u> 스카프를 샀다.(의도)
> 영희는 밥을 <u>먹고</u> 학교에 갔다.(순차적)

3.3.3. 문장의 이어짐과 단어의 이어짐

(1) 문장의 이어짐
두 개 이상의 홑문장이 접속조사 '와/과'에 의해 겹문장으로 이어진다. 이어진 문장은 주어나 목적어 등의 성분이 생략되므로 서술어를 중심으로 연결관계를 파악해야 한다.

① 주어가 접속조사로 이어짐

> _예 서울과 부산은 인구가 많다.
> =서울은 인구가 많다+부산은 인구가 많다.

② 목적어가 접속조사로 이어짐

> _예 철수는 영어와 독일어를 할 줄 안다.
> =철수는 영어를 할 줄 안다+철수는 독일어를 할 줄 안다.

③ 부사어가 접속조사로 이어짐

> _예 철수와 영희는 서울과 부산에 산다.

=철수는 서울에 산다+영희는 부산에 산다.

(2) 단어의 이어짐

두 명사구가 이어진 문장이지만, 다음과 같은 서술어에 의한 문장은 문장과 문장이 이어진 것으로 해석하거나 분해할 수 없고 단순히 명사구만이 이어진 것으로 보아야 하는데, 이를 단어의 이어짐이라 한다.

'닮다, 마주치다, 결혼하다, 만나다, 섞다, 잇다, 비슷하다, 부딪다, 같다, 다르다' 등의 서술어는 '와/과'에 의해 단어를 접속해야 한다.

예 철수와 영희는 골목길에서 마주쳤다.≠철수는 골목길에서 마주쳤다+영희는 골목길에서 마주쳤다.(이어진 문장이 아니라 단순한 단어의 접속에 불과하다. 즉, 홑문장임)
엄마와 딸은 키가 비슷하다.(단어 접속의 홑문장)
철수가 영희와 학교에 갔다.(단어의 이어짐)
영희와 철수가 학교에 갔다.(단어의 이어짐, 문장의 이어짐)6)

3.3.4. 이어짐의 제약

(1) 대등적 이어짐의 제약

① 의미의 밀접한 관련이 있어야 한다.

예 영희는 한국어를 잘하고 민수는 수학을 잘한다.
*한국어 공부는 재미있고, 영수는 착하다.

② 서술어의 품사가 같아야 한다.

예 산은 높고, 바다는 넓다.

---

6) 영희와 철수가 같이 학교에 가면 홑문장이지만 영희가 학교에 갔고, 철수가 학교에 갔다는 의미일 경우에는 겹문장이다.

*영미는 착하고 강은 길다.

(2) 종속적 이어짐의 제약

① 시제와 관련한 제약 : 대체로 목적이나 의도, 동시적으로 진행되는 사건을 나타내는 연결어미에는 '-었-', '-겠-'과 같은 시제형태소가 쓰이기 어렵다.

> 예 건물 안에 들어서자/*드러섰자 불이 켜졌다.
> 물고기를 잡느라고/*잡았느라고/*잡겠느라고 고생했다.

② 주어가 같아야 하는 제약 : 목적이나 의도, 동시에 겸하는 일을 나타내는 연결어미가 쓰일 때에는 주어가 같아야 한다.

> 예 아저씨는 엿을 팔러 여기저기 다녔다.
> *철수는 직장에 <u>다니려고</u> 영호는 도시로 갔다.
> *경희는 팝콘을 <u>먹으며(면서)</u> 떰안은 영화를 본다.

참고 대등과 종속의 구별

① 앞의 절과 뒤의 절을 환치하여 성립하면 대등적 이어진 문장이고, 성립하지 않으면 종속적 이어진 문장이다.
> 예 인생은 짧고 예술은 길다. ⇒ 예술은 길고 인생은 짧다.(대등 문장)
> 봄이 오면 꽃이 핀다. ⇒ *꽃이 피면 봄이 온다.(종속 문장)

② 연결어미에 의해 이끌리는 절이 뒤의 절 속으로 자리 옮김을 할 수 있으면 종속적으로 이어진 문장이고, 자리 옮김을 할 수 없으면 대등하게 이어진 문장이다.
> 예 봄이 오면 꽃이 핀다. ⇒ 꽃이 봄이 오면 핀다.(종속 문장)
> 인생은 짧고 예술은 길다. ⇒ *예술은 인생은 짧고 길다.(대등 문장)

4 문장의 종결 표현

말하는 사람의 생각이나 느낌을 듣는 사람에게 표현하는 방식으로 종결어미에 따라 문장의 종류가 나뉜다. 문장의 종결 방식에 따른 문장의 종류에는 평서문, 의문문, 명령문, 청유문, 감탄문이 있다.[7]

① 평서문: 집에 간다. ④ 청유문: 집에 가자.
② 의문문: 집에 가니? ⑤ 감탄문: 집에 가는구나.
③ 명령문: 집에 가라.

4.1. 평서문

평서문은 말하는 사람이 듣는 사람에게 단순히 자기의 생각이나 정보를 전달하거나 어떤 행동의 실현을 약속하는 기능을 한다. 말하는 사람의 주관적 의도나 요구는 포함하지 않는다. 평서문의 형태로 '-다, -ㄴ다/는다', -(스)ㅂ니다' 등이 있다.

종결어미	용법
-다	형용사 '-이다'의 현재형으로 사용한다. 동사의 경우 시제 선어말어미 '-았/었/였-, -겠-' 다음에 사용한다.
-ㄴ다/는다	동사 현재형으로 사용한다. -ㄴ다: 어간이 모음, 'ㄹ'로 끝난 경우에 사용한다. -는다: 어간이 자음('ㄹ'제외) 으로 끝난 경우에 사용한다.
-ㅂ니다 /습니다	-다, -ㄴ다/는다'의 높임말(동사, 형용사, '이다')이다. -ㅂ니다: 어간이 모음, 'ㄹ'로 끝난 경우에 사용한다. -습니다: 어간이 자음('ㄹ'제외)으로 끝난 경우에 사용한다.

---

7) 박덕유 외(2019: 155-158) 참조.

예》 꽃이 예쁘다. / 꽃이 예쁩니다.

　　　서울에 가다. / 서울에 간다. / 서울에 갑니다.

　　　밥을 먹다. / 밥을 먹는다. / 밥을 먹습니다.

　　　새가 울다. / 새가 운다. / 새가 웁니다.

4.2. 의문문

　의문문은 화자가 청자에게 질문하여 그 대답을 요구하는 기능을 한다. 의문문은 그 기능에 따라 청자로부터 언어적 응답을 요구하는 질문형 의문문과 요청의 기능을 지니며 행동적 응답을 요구하는 요청의문문으로 대별된다. '의문성'은 의문문이 지닌 전형적이고 대표적인 기능이다. 의문문의 형태로 '-느냐/(으)냐, -니, -(으)ㄹ래(요), -(으)ㄹ까(요), -ㅂ니까/습니까' 등이 있다.

종결어미	용법
-느냐	동사와 '있다, 없다'의 현재형으로 사용한다.
-(으)냐	형용사, '이다'의 현재형으로 사용한다.
-(으)니	동사, 형용사, '이다'의 현재형으로 사용한다.
-(으)ㄹ래	동사에만 사용한다. 2인칭에만 사용한다. -ㄹ래: 모음, 'ㄹ'으로 끝난 경우에 나타난다. -을래: 자음('ㄹ'제외)으로 끝난 경우에 사용한다. '-요'와 결합하여 높임으로 사용한다.
-(으)ㄹ까	동사, 형용사, '이다'에 사용한다. -ㄹ까: 모음, 'ㄹ'로 끝난 경우에 사용한다. -을까: 자음('ㄹ'제외)으로 끝난 경우에 사용한다. '-요'와 결합하여 높임으로 사용한다.

-ㅂ니까 /습니까	듣는 사람을 가장 높이는 상대 높임의 역할을 한다. -ㅂ니까: 모음, 'ㄹ'로 끝난 경우에 사용한다. -습니까: 자음('ㄹ'제외)으로 끝난 경우에 사용한다. -동사, 형용사, '이다'에 사용한다.

예 꽃이 예쁘냐 / 꽃이 예쁠까 / 꽃이 예쁩니까?

집에 가느냐 / 집에 가냐 / 집에 가니 / 집에 갈래 / 집에 갈까 / 집에 갑니까?

밥을 먹느냐 / 밥을 먹냐 / 밥을 먹니 / 밥을 먹을래 / 밥을 먹을까 / 밥을 먹습니까?

누가 있느냐 / 누가 있니 / 누가 있을래 / 누가 있을까 / 누가 있습니까?

의문문의 종류로는 판정의문문, 설명의문문, 수사의문문, 감탄의문문, 확인의문문을 들 수 있다.

① 인천에 사니? (판정의문문)

② 어디에 사니? (설명의문문)

③ 내가 저녁 한 번을 못 사줄까? (수사의문문)

④ 이 일이 이루어지면 얼마나 좋을까? (감탄의문문)

⑤ 너 당장 공부하지 못하겠니? (확인의문문)

판정의문문은 긍정이나 부정의 답을 요구하는 의문문으로 '예, 아니요'와 같은 대답을 요구한다. 이에 비해 설명의문문은 의문사를 사용하여 상대방에게 설명을 요구하는 의문문으로 의문사에 해당하는 내용을 답하게 된다. 수사의문문은 겉으로 나타난 의미와는 반대되는 뜻으로 수사적 효과를 거두기 위한 반어의문문으로 ③의 경우 저녁을 사줄 수 있다는 뜻을 담고 있다. 감탄의문문은 의문문이라기보다는 감탄의 뜻을 더 크게 갖는 의문문으로 ④의 의미는 매우 좋겠다는 의미를 나타낸다. 끝으로 확인의문문은 명령의문문이라고도 하는데 명령, 금지, 권고 등의 의미를 띤다.

...

4.3. 명령문

명령문은 화자가 청자에게 무엇을 시키거나 어떤 상황을 청자를 통하여 해결하려는 의도를 가질 때 '-아라/어라, -지, -(으)렴, -게, -오, -ㅂ시오' 등과 같은 언어 형식으로 표현한다.

종결어미	용법
-아라/어라	듣는 사람을 높이지 않는 명령형 종결어미이다. 시제 선어말어미와 함께 사용할 수 없다.
-(으)십시오	듣는 사람을 높이는 명령형 종결어미이다. 시제 선어말어미와 함께 사용할 수 없다. 부탁의 경우 '-아/어/여 주십시오'를 사용한다. 의문형으로 하면 더 공손한 표현이 된다.

예》 글을 써라. / 글을 쓰지. / 글을 쓰오. / 글을 쓰십시오.
책을 읽어라. / 책을 읽지. / 책을 읽으오. / 책을 읽으십시오.

명령문의 종류로는 직접명령문, 간접명령문, 허락명령문 등이 있다.

① 일기를 빨리 써라. (직접명령문)
② 다음을 읽고 알맞은 답을 쓰라. (간접명령문)
③ 너도 한번 써 보렴. (허락명령문)

①과 같이 얼굴을 맞대고 하는 명령문을 직접명령문이라 한다. '-아(어)라'는 동사 어간 뒤에 붙어 특정한 개인에 대해 직접 명령의 뜻을 나타내는 종결 어미이다. 그러나 ②의 '-라'는 구체적으로 정해지지 않은 청자를 대상으로 하거나 불특정 다수일 경우에 사용되므로 주로 다른 매체를 통해 명령의 뜻을 나타내는 간접명령문의 종결어미이다. ③은 허락명령문

인데 종결어미 '-(으)려무나(-렴)'을 사용하여 화자의 마음이 즐겁거나 좋은 일일 때 쓰고, 부정적일 경우에는 잘 쓰지 않는다.

4.4. 청유문

청유문은 화자가 청자에게 함께 행동할 것을 요청하거나 제안하거나 촉구하는 기능을 한다.

청유문의 형태로 '-자, -(으)ㅂ시다, -(으)십시다' 등이 있다.

종결어미	용법
-자	듣는 사람을 높이지 않는 청유형 종결어미이다. 시상 선어말어미와 함께 사용할 수 없다.
-(으)십시다	듣는 사람을 높이는 명령형 선어말어미이다. 윗사람에게는 쓸 수 없다. 윗사람에게 청유할 때는 의문형으로 쓴다. 시제 선어말어미와 함께 쓸 수 없다.

예 학교에 가자. / 학교에 갑시다. / 학교에 가십시다.
밥을 먹자. / 밥을 먹읍시다. / 밥을 먹으십시다.

일반적으로 청유문의 주어는 화자와 청자를 포함하는 1인칭 복수이나 화자(1인칭 단수)나 청자(2인칭 단수)에게만 국한될 경우가 있다. 일반적으로 청유문의 주어는 화자와 청자를 모두 가리키지만 청자에게 어떤 행동적 응답을 요청하는 경우는 주어가 2인칭이다. 청자가 화자에게 방해되는 행위를 할 때 화자가 청자로 하여금 그 방해 행위를 중지해 달라는 의미로 사용되면 주어는 화자가 된다.

① 수업 끝나고 영화 보러 가자. (주어: 화자+청자)

② 표 좀 빨리 팝시다. (주어: 청자)

③ 나도 한 마디 하자. (주어: 화자)

④ 책 좀 읽자.

예문 ④의 경우는 상황에 따라 주어가 다르다. 화자와 청자가 함께 책을 읽으려는 상황은 화자와 청자가 모두 주어이며, 청자가 모르는 것이 많아 화자가 이를 탓하며 책을 읽으라고 권유하는 상황에서는 청자가 주어이고, 화자가 책을 읽는 데 청자가 시끄럽게 해서 조용히 해 줄 것을 당부하는 상황은 화자가 주어가 된다.

4.5. 감탄문

감탄문은 화자가 청자를 별로 의식하지 않거나 거의 독백하는 상태에서 정보의 전달보다는 자기의 느낌을 표현하는 기능을 한다. 감탄적 어조의 화자 표현일 경우에 해당된다. 감탄문의 형태로 '-(는)구나, -구먼, -구려, -(는)군요' 등이 있다.

종결어미	용법
-(는)구나 -(는)군요	듣는 사람을 높이지 않는 감탄형 종결어미이다. -구나: 형용사, '이다'에 사용한다. -는구나: 동사에 사용한다. 높임의 경우에는 '-(는)군요'를 사용한다.

예 꽃이 예쁘구나!   비가 오는구나!   꽃이 예쁘구려!

꽃이 예쁘군요!   눈이 오는군요!

'-군'은 '-구나'의 준말로 혼잣말의 성격이 강하다. 혼잣말 감탄에 자주 쓰이는 것으로 '-어라'와 '-어'가 있다. '-어라'와 '-어'는 주로 형용사에 결합하지만 '-어라'의 경우는 예문 "내 여기 희망의 씨앗을 뿌려라"와 같이 동사와 결합하기도 한다. '-어' 앞에는 '참, 아주, 많이, 매우' 등과 같은 부사어가 올 수 있지만(매우 예뻐, 아주 좋아) '-어라' 앞에는 부사어가 오기 어렵다(*매우 예뻐라, *아주 좋아라). '-어'가 부사어와 결합할 경우에는 청자에 대한 의식이 강하다. "그대들은 조국을 위해 목숨을 바쳤도다(바쳤노라)" 처럼 권위나 위엄을 나타내는 감탄문에는 종결어미 '-도다'나 '-노라'를 사용한다.

5 높임 표현

말을 할 때 화자(말 하는 이)와 청자(말 듣는 이)가 있고, 문장 속에 나타나는 주체(주어)가 있다. 이들의 사회적 지위나 연령, 친분 관계, 가족 관계 등을 고려하여 높임과 낮춤의 정도를 구별하여 표현하는 방식이나 체계를 높임법이라 한다. 높임법에는 주체높임법, 상대높임법, 객체높임법이 있다. 또한 어휘 요소에 의한 높임말과 낮춤말이 있다.

5.1. 주체높임법

주체높임법은 문장의 주체(주어)를 높이는 것이다. 문장의 주체가 화자보다 나이나 사회적 지위가 높을 경우 사용한다.
  (1) '동사, 형용사, -이다'의 어간에 '-(으)시-'를 붙여 높인다.

예 아버지께서 책을 읽으십니다.
선생님께서 학교에 가십니다.
기분이 좋으십니까?
이분이 박 교수님이십니다.

참고 나이와 사회적 지위가 일치하지 않을 경우, 사적(私的, personal)인 자리에
서는 나이가, 공적(公的, official)인 자리에서는 사회적 지위가 우선이다.

(2) 주체를 높일 경우 주격조사 '이/가' 대신 '께서'를 붙인다.

예 할아버지가 운동을 합니다. → 할아버지께서 운동을 하십니다.
선생님이 전화를 받아요. → 선생님께서 전화를 받으세요.

(3) 주체가 높아도 공적인 입장에서는 '-(으)시-'를 사용할 수 없다.

예 대통령이 회견장으로 입장하였습니다.

(4) 주체높임법은 화자와 주체만에 의해 결정되지 않고, 청자를 고려할
경우가 있다. 청자가 주체보다 높을 때에는 '-(으)시-'를 사용하지 않는다.[8]

예 사장님, 김 대리가 왔어요. (청자: 사장님 〉 주체: 김 대리〉 화자: 일반사원)
아버님, 아비가 왔어요. (청자: 아버님 〉 주체: 아비 〉 화자: 며느리)

(5) 높임의 주체와 관련된 사물, 소유물, 신체의 부분은 '-(으)시-'를 붙여
서 간접적으로 높인다.

----

8) 높임법은 본래 청자를 고려하는 청자중심주의였지만, 요즘은 화자중심주의로 바뀌어 가고
있다. 이는 주체에 대한 높임이 청자에 대한 고려 때문에 억제되는 압존법 현상이 실제생
활에서는 적용되기가 어렵기 때문이다. 예를 들어 화자인 아들이 청자인 할아버지께 "아버
지가 왔어요."라고 하는 것이 높임법에는 맞지만 실제 생활에서는 사용하기가 어색하다.

예▎ 할머님께서는 귀가 <u>밝으십니다</u>.

아버님의 연세가 <u>많으십니다</u>.

선생님께서는 감기가 <u>드셨습니다</u>.

박 교수님은 따님만 <u>있으시다</u>.

참고 있으시다/ 계시다

존재의 유무를 나타내는 '있다'의 높임법은 '계시다'이고, 간접 높임은 '있으시다'이다.

기본형	높임법	간접 높임
있다	계시다	있으시다

예▎ 영수가 집에 있다.

아버지께서 집에 <u>계신다</u>.

아버지께서는 회사에 일이 <u>있으시다</u>.

5.2. 상대높임법

상대높임법은 화자가 청자를 높이는 것이다. 청자와의 관계에 따라 높임과 낮춤의 정도가 결정되며, 그 등급은 종결어미에 의해 6등급의 화계로 구분된다. 화계는 높임법의 일종인 상대높임법에 나타나는 등급(scale of politeness)의 표현이다. 상대높임법의 화계 체계는 공식적이며 의례적인 상황에서 사용하는 격식체(하십시오체, 하오체, 하게체, 해라체)와 화자와 청자 사이가 가까울 때 사용하거나 공식적이 아닌 자리에서 사용하는 비격식체(해요체, 해체)로 나뉜다. 나이나 계급, 직장 서열 등 사회적 지위에 따른 수직적 관계에서는 격식체를 사용하고 개개인의 친분 정도에 따른 정감의 표현일 경우에는 비격식체를 사용한다.

문장의 종류	격식체				비격식체	
	높임말		낮춤말		높임말	낮춤말
	아주높임	예사높임	예사낮춤	아주낮춤	두루높임	두루낮춤
	하십시오체	하오체	하게체	해라체	해요체	해체
평서형	갑니다 읽습니다	가시오 읽으시오	가네 읽(으)네	간다 읽는다	가요 읽어요	가, 가지 읽어, 읽지
의문형	갑니까? 읽습니까?	가(시)오? 읽으시오?	가나? 읽는가?	가니(냐)? 읽니(냐)?	가요? 읽어요?	가?, 가지? 읽어?, 읽지?
명령형	가십시오 읽으십시오	가시오 읽으시오	가게 읽게	가라 읽어라	가(세/셔)요 읽어(으세/ 으셔)요	가, 가지 읽어, 읽지
청유형	가십시다 읽으십시다	갑시다 읽읍시다	가세 읽으세	가자 읽자	가(세/셔)요 읽어(으세/ 으셔)요	가지 읽지
감탄형		가시는구려 읽으시는구려	가는구먼 읽는구먼	가는구나 읽는구나	가(세/셔)요 읽어(으세/ 으셔)요	가, 가지 읽어, 읽지

　　그러나 언어사용에 있어 상대높임법의 화계를 결정짓는 일은 단순하지가 않다. 6등급으로 구분된 문법적 요소를 정형화된 규칙처럼 적용할 수 없고 화자와 청자의 관계, 화자와 청자가 대화의 주체와 객체와 맺고 있는 관계, 대화 주체나 객체가 발화 장면에 존재하는가의 여부, 화자의 심적 태도나 의도, 발화 상황을 비롯한 사회적 요인 등 고려할 것이 많다.

　　해요체와 해체의 경우 종결문의 형태가 거의 유사하다. 이에 억양으로 그 의미를 구분할 수 있다. '해요체'의 예를 들면 다음과 같다.

　　예　평서형: 가요. 읽어요. 　/↓/ 하강연접
　　　　의문형: 가요? 읽어요? 　/↑/ 상승연접

명령형: 가요. 읽어요.   /↕/ 단절연접
감탄형: 가요. 읽어요.   /→/ 평조연접

5.3. 객체높임법

객체높임법은 목적어나 부사어가 지시하는 대상, 즉 서술의 객체를 높이는 것이다. 객체높임은 주로 동사에 의해 실현된다. 이는 어휘 요소에 의한 높임말과 유사하다. 아래 예문에서 서술어의 객체인 목적어가 친구인지 혹은 높임의 대상인 아버지인지에 따라 동사가 다름을 알 수 있다. 목적어가 높임의 대상인 경우 '데리다'의 높임말인 '모시다'를 사용해야 한다. 또한 동일하게 서술어의 객체가 부사어인 경우 조사 '에게', '한테' 대신 '께'를 붙인다. 부사어가 높임의 대상인 선생님일 때는 '주다'의 높임말인 '드리다'를 쓴다.

> 예》 나는 <u>친구를</u> <u>데리고</u> 학교로 갔다.
> 나는 <u>아버지를</u> <u>모시고</u> 집으로 갔다.
> 영희는 꽃을 <u>민호에게</u> <u>주었다</u>.
> 영희는 꽃을 <u>선생님께</u> <u>드렸다</u>.

5.4. 어휘 요소에 의한 높임말과 낮춤말

우리말에는 특수한 어휘를 사용함으로써 남을 높이거나 자기를 낮추어서 상대방을 높이는 방법이 있다. 이때 사용되는 어휘들을 '높임말'과 '낮춤말'이라 한다. 주체높임법과 상대높임법이 용언의 선어말어미에 의해 표현되는 것과는 달리 어휘 요소에 의한 높임법은 화자가 특정한 어휘를 선택하면서 실현된다. 화자보다 높은 사람이나 관련 대상에 대하여는 높임말을, 반대로 화자가 청자나 서술어의 객체보다 높을 때에는 낮춤말을 사용한다.

(1) 동사 자체가 높임의 뜻을 가지고 있어 '-(으)시-'를 사용하지 않는다.

동사	높임말
먹다	드시다, 잡수시다
마시다	드시다
자다	주무시다
죽다	돌아가시다
있다	계시다
말하다	여쭙다
보다	뵙다
데리다	모시다

예 아침을 드셨어요(잡수셨어요)?

음료수를 드세요.

잘 주무셨어요?

할아버지께서 돌아가셨다.

선생님께서 교실에 계신다.

부모님께 여쭤 보고 결정하겠습니다.

내일 뵙겠습니다.

선생님을 모시러 갔다.

(2) 명사 자체가 높임의 뜻을 가지고 있다.

130 ·

명사	높임말
밥	진지
집	댁
사람	분
나이	연세
말	말씀

예 진지를 드셨어요?

댁이 어디세요?

저분은 누구세요?

연세가 어떻게 되세요?

말씀하세요.

참고 말씀

'말씀'은 '말'의 높임말(①)과 화자 자신을 낮추는 말(②)로도 쓰인다.

① 선생님의 말씀을 잘 들었습니다.

② 제가 말씀 드리겠습니다.

(3) 사람을 나타내는 명사 뒤에 '-님'을 붙여 높인다.

사람을 나타내는 명사	-님
선생	선생님
어머니	어머님
아버지	아버님
형	형님
누나	누님
아들	아드님
딸	따님
사장	사장님

(4) 명사가 낮춤의 뜻을 가지고 있다.

화자가 자기 자신이나 자신에게 속한 사물을 낮추어 말함으로써 상대를 높인다.

대명사	낮춤말
나	저
우리	저희

참고 우리나라(○) / 저희 나라(X)

'나라'는 다른 나라, 다른 민족 앞에서 낮출 수 있는 대상이 아니다. 그러므로 '우리'의 낮춤말인 '저희'를 써서 '저희 나라'라고 말하지 않고 '우리나라'로 사용한다.

6 시간 표현

한국어의 시제는 말하는 사람의 발화 시점(발화시)과 사건이나 상황이 일어난 시점(사건시)에 따라 현재 시제, 과거 시제, 미래 시제로 구분된다. 발화시와 사건시가 일치할 때를 현재 시제라 하고, 사건시가 발화시보다 앞설 때를 과거 시제라 하며, 사건시가 발화시보다 뒤에 올 때를 미래 시제라 한다. 그러나 시간을 표현하는 데는 서법과 동작상도 있기 때문에 이에 대해서도 유의해야 한다. 한국어의 시제는 다음과 같은 방법으로 표현된다.

(1) 종결어미에 의한 표현

(2) 관형사형어미에 의한 표현

(3) 시간을 나타내는 부사들에 의한 표현9)

6.1. 종결어미에 의한 표현

6.1.1. 현재 시제

(1) 현재 시제는 사건시와 발화시가 일치하는 시제로, 현재 시제 선어말 어미인 '-는-'(자음 뒤에)과 '-ㄴ-'(모음 뒤에)에 의해 실현된다.

　예》 영희가 지금 떡을 먹는다.
　　　민수가 지금 집으로 온다.

(2) 관형사형에 의한 표현으로 동사에는 현재의 관형사형어미 '-는'이 붙고(가, 나), 형용사와 서술격 조사에는 관형사형어미 '-ㄴ'이 붙어서(다, 라) 표현된다.

　예》 가. 요즘 도서관에 일찍 오는 학생들이 많다.
　　　나. 밥을 먹는 학생들로 붐볐다.
　　　다. 예쁜 인형을 모으기 시작했다.
　　　라. 학생인 영수는 아르바이트를 한다.

(3) 형용사와 서술격 조사에는 특별한 형태소가 없이 표현된다.

　예》 엄마는 요즘 많이 바쁘시다.
　　　영수는 학생이다.

---

9) 시간을 나타내는 부사는 시제는 아니지만 어떤 사건이 일어난 시점을 나타내는 부사(지금, 오늘, 금방, 어제, 아까, 먼저 등)로 시간 관계를 더욱 분명하게 한다.

(4) 현재의 동작이나 사물의 성질, 현재 상태를 나타낸다.

예》 지금 학교에 간다.
요즘 과일 값이 비싸요.
우리 아버지는 선생님입니다.
책은 책상 위에 있어요.

(5) 현재의 반복되는 동작이나 습관적인 행위를 나타낸다.

예》 매일 저녁 저는 공원을 산책한다.
그는 노래할 때 꼭 춤을 춘다.

(6) 시간을 초월한 불변의 진리나 보편적인 사실을 나타낸다.

예》 지구는 돈다.
한국 사람들은 김치를 좋아한다.

(7) 사건시가 발화시보다 뒤에 올 때도 예정된 경우에는 현재 시제를 사용한다. 이때 시간을 나타내는 부사들과 함께 쓰인다.

예》 내일은 소풍을 가요.
저는 1년 후에 대학교를 졸업합니다.
기차가 곧 출발합니다.
내년에 박 교수님께서 미국에 가십니다.

6.1.2. 과거 시제

(1) 과거 시제 선어말어미인 '-았/었/였-'을 사용하여 이미 완료된 동작이나 상태를 나타낸다.

구분			예			
				-았/었/였어요	-았/었 /였습니다	았/었 /였다
동사, 형용사, -이다	ㅏ, ㅗ	-았-	가다 오다 좋다 싸다	가 + 았어요 오 + 았어요 좋 + 았어요 싸 + 았어요	갔어요 왔어요 좋았어요 쌌어요	갔습니다 왔습니다 좋았습니다 쌌습니다	갔다 왔다 좋았다 쌌다
	ㅓ, ㅜ, ㅡ, ㅣ ·····	-었-	먹다 기다리다 길다	먹 + 었어요 기다리 +었어요 길 + 었어요	먹었어요 기다렸어요 길었어요	먹었습니다 기다렸습니다 길었습니다	먹었다 기다렸다 길었다
	-하	-였-	공부하다 행복하다	공부하+ 였어요 행복하+ 였어요	공부했어요 행복했어요	공부했습니다 행복했습니다	공부했다 행복했다

예 어제 나는 친구와 같이 도서관에 갔어요.

조금 전에 영수는 이곳을 떠났다.

친구를 만났어요. 그리고 많은 이야기를 했어요.

로안은 아침을 먹었어요.

(2) 아직 발생하지 않은 미래의 일을 예상하여 나타낸다.

예 내일 비가 온다는데 놀러 가기는 다 틀렸다.

영수야, 이번 성적을 보니까 올해 대학에 붙을거야. 걱정하지 마.

(3) 과거의 일이나 경험을 돌이켜 회상할 때에는 '-더-'를 사용한다.

예 철수는 어제 도서관에서 공부하더라.

이것은 내가 어릴 때 읽었던 책이다.

공부를 열심히 했더니 시험에 붙었다.

(4) 과거 시제를 표시하는 데는 '-었었-'이 사용되기도 한다. '-었었-'은

발화시보다 훨씬 이전에 일어난 사건(과거의 과거)을 나타내고, 현재와
시간상의 거리가 멀어 단절된 느낌을 나타낸다.

> 예 나는 어제 인천에 갔었다.
>
> 누가 왔었어요?

참고 '-었-'과 '-었었-'

① 그는 제주도에 갔다.(제주도에 가서 지금도 제주도에 있는지 아니면 다른
곳으로 갔는지 알 수 없다. 분명한 것은 지금 이 자리에는 없다.)
그는 제주도에 갔었다.(제주도에 다녀온 경험이 있는 것으로 지금 이 자
리에 있을 수도 있고 없을 수도 있다.)
② 철수가 왔어요? (철수가 와 있는 상태)
철수가 왔었어요? (지금은 철수가 없는 상태)
③ '-었-'과 '-었었-'은 동사, 형용사의 의미에 따라서 별 차이 없이 사용하기도
한다.

> 예 나는 초등학교 때 이 학교를 다녔다.
>
> 나는 초등학교 때 이 학교를 다녔었다.
>
> 그녀는 예전에 대전에 살았다.
>
> 그녀는 예전에 대전에 살았었다.
>
> 나는 어렸을 때 몸이 약했다.
>
> 나는 어렸을 때 몸이 약했었다.

6.1.3. 미래 시제

(1) 미래 시제는 사건시가 발화시의 이후인 시제로 선어말어미 '-겠-',
'-(으)리-'와 미래 관형사형어미 '-(으)ㄹ'에 의존명사 '것'이 합쳐진 '-(으)ㄹ
것'에 의해 표현된다.

> **예** 내일 눈이 오겠다.
>
> 곧 밥을 먹으리다.[10]
>
> 내일 친구가 학교로 올 것이다/거예요..

참고 '-겠-'과 '-(으)ㄹ 거예요'

'-겠-'은 화자의 강한 의지나 추측을 나타내는 표현이고, '-(으)ㄹ 거예요'는
단순한 미래나 또는 '-겠-'보다는 약한 의지나 추측을 나타낸다.

(2) '-겠-'은 화자의 의지나 추측을 나타내기도 한다.

① 주어가 1인칭일 때 화자의 의지를 나타낸다.

> **예** 제가 하겠습니다.
>
> 합격할 때까지 열심히 공부하겠습니다.

② 주어가 2인칭, 3인칭일 때 화자의 추측을 나타낸다.

> **예** 내일은 날씨가 좋겠다.
>
> 복권에 당첨돼서 기쁘시겠어요.
>
> 지금쯤 서울에 도착했겠다.

③ 가능성의 경우에도 사용된다.

> **예** 나도 그 정도의 문제는 능히 풀겠다.

---

10) 주로 어떤 상황에 대한 화자의 추측을 나타내는 어미로 사용된다. 예를 들면 "내일이면 고
    향에 다다르리라."

6.2. 관형사형 어미에 의한 표현

		과거	현재	미래	과거 회상
동사	받침(○)	-은	-는	-을	-던
	받침(X),ㄹ	-ㄴ		-ㄹ	
형용사	받침(○)	-	-은	-을	-던
	받침(X),ㄹ		-ㄴ	-ㄹ	
-이다		-	-ㄴ	-ㄹ	-던
있다/없다		-	-는	-을	-던

6.2.1. 현재 시제

수식을 받는 명사가 동작을 진행하고 있거나 현재 상태를 나타낸다.

예 지금 먹는 음식은 맛이 없다.
  지금 듣는 음악은 뭐예요?
  저렇게 부지런한 사람은 처음 본다.
  나는 멋있는 축구 선수인 그를 좋아한다.

6.2.2. 과거 시제

동사에만 나타나며, 수식을 받은 명사의 동작이 완료됨을 나타낸다.

예 어제 먹은 음식은 맛이 없었다.
  이 책은 전에 읽은 책이다.
  영희는 졸업 후에 학생이던 신분에서 벗어났다.
  이건 내가 만든 과자야.
  책상 위에 있던 연필이다.

여기에 살던 사람이 이사를 갔다

'있다/없다'

'있다/없다'는 동사처럼 활용하여 '-는', '-을'이 붙는다. 과거 시제는 과거 회상을 나타내는 '-던'과 결합하여 사용한다.

6.2.3. 미래 시제

아직 실현되지 않은 일을 나타내거나 추측을 나타낸다.

예》 내일 먹을 음식도 맛이 없을 거예요.

내일 소풍 갈 사람은 아침 7시까지 나와야 한다.

여러분, 공부할 책 가지고 왔어요?

주말에 입을 옷을 세탁소에 맡겼어요.

오후에 만날 사람이 있어요.

제주도는 경치가 아름다울 거예요.

아마도 그는 의사일 거예요.

참고 절대시제와 상대시제

안은문장의 사건시에 기대어 상대적으로 결정되는 시제로 대개 관형사형 어미에 의해 나타난다. 아래 예문에서 '김장하시는'은 상대적 시제로 '과거에 있어서의 현재'로 해석되며, '도와 드렸다'는 과거를 나타내는 절대시제이다.

예》 미영이는 어제 김장하시는 어머니를 도와 드렸다.

도울 학생이 없었다. (도울: 상대시제 미래, 없었다: 절대시제 과거)

6.3. 시간을 나타내는 부사에 의한 표현

어떤 사건이 일어난 시점을 나타내는 부사로 시간 관계를 더욱 분명하게 한다.

> **예** 지금 학교에 가요.
> <u>아까</u> 철수를 만났어요.
> <u>오늘</u> 영화를 보러 갈 거예요.
> 곧 갖다 드릴게요.

시간 부사는 시제와 반드시 일치하는 것은 아니다. 시간 부사는 시제를 보조하는 역할을 한다. 어미에 의한 시제 자체는 어떤 사건이 일어난 시간과 발화시와의 선후관계만을 나타내고, 그것이 언제 일어났는지를 알려주는 것은 시간 부사이다. 따라서 대체로 시제 어미에 의해 과거, 현재, 미래가 결정된다.

① 지금 영희가 학교에 갔다.
  → 시간 영역이 현재 발화 순간 이전의 과거 영역을 내포함.

② 너, 내일 죽었다.
  → 아직 실현되지 않은 미정적 상황을 과거시제 '-었-'에 의해 그 실현이 확정적인 상황(위협, 강한 의지)으로 봄.

③ 운동장에서 놀았겠다.
  → 과거의 경험적 상황에 의해 미래의 상황을 확정적인 것으로 기술하려는 화자의 주관적 판단.

④ 이제 저 사람은 늙었다.

　　→ 늙은 상태가 현재까지 지속됨.

6.4. 동작상

　동작상[동사상]은 발화시를 기준으로 동작이 일어나는 모습을 나타낸다. 즉, 발화시를 기준으로 동작이 막 끝난 모습, 동작이 계속 이어 가는 모습을 나타낸다. 동작상은 주로 연결어미와 보조용언이 결합하여 '본용언+보조용언'의 형태로 나타나며, 진행상, 완료상, 예정상이 있다.

(1) 진행상

　진행상은 사건이나 동작이 진행되고 있음을 나타내고, 반복되는 사건이나 습관을 나타내기도 한다. 그 형태로는 연결어미 '-고'에 보조용언 '있다'의 결합이 있고, 연결어미 '-어'에 보조용언 '가다, 오다'의 결합이 있다.

구분	연결어미	보조용언	형태
진행상	-고	있다	-고 있다
	-어(아,여)	가다 오다	-어 가다 -어 오다

　예》 떰안은 학교에 <u>오고 있다</u>.

　　　철수는 지금 옷을 <u>입고 있다</u>.

　　　아이가 <u>기어 온다</u>.

　　　과일이 빨갛게 <u>익어 간다</u>.

　　　일이 다 <u>끝나 간다</u>

　　　매일 한국어를 <u>공부하고 있어요</u>.

(2) 완료상

완료상은 사건이나 동작이 이미 완료되었음을 나타낸다. 그 형태로는 연결어미 '-어'에 보조용언 '있다, 버리다, 내다, 놓다'의 결합이 있고, 연결어미 '-고'에 보조용언 '있다, 말다'의 결합이 있다.

구분	연결어미	보조용언	형태
완료상	-어(아,여)	있다 버리다 내다 놓다	-어 있다 -어 버리다 -어 내다 -어 놓다
	-고	있다 말다	-고 있다 -고 말다

예 민수는 의자에 앉아 있다.

영수는 그 남은 빵을 다 먹어 버렸다.

우리는 추위를 이겨 냈다.

보고서를 이미 작성해 놓았지만 언제 제출해야 할지 모르겠다.

철수는 이미 모자를 쓰고 있다.

사랑하던 영미가 떠나고 말았다.

참고 '-고 있다'

'-고 있다'는 본용언이 무엇이냐에 따라 완료상과 진행상의 의미를 모두 갖는다. '입다, 벗다, 쓰다, 신다, 매다, 풀다, 끼다, 열다, 닫다, 감다' 등의 경우 완료상과 진행상의 의미를 모두 갖는다.

예 철수는 모자를 쓰고 있다. (진행: 모자를 쓰는 동작이 진행되고 있음,
　　　　　　　　　　　　완료: 모자를 쓴 후 상태 지속)

문을 열고 있다. (진행: 문을 여는 동작을 함,
　　　　　　　완료: 문을 연 후 문이 열려 있는 상태 지속)

(3) 예정상

예정상은 어떤 동작이 예정되어 있음을 나타낸다. 형태는 연결어미 '-게'
에 보조용언 '되다'의 결합이 있고, 연결어미 '-려고'에 보조용언 '하다'의
결합이 있다.

구분	연결어미	보조용언	형태
예정상	-게	되다	-게 되다
	-려고	하다	-려고 하다

예 우리는 그 일을 하게 되었다.
　　철수가 곧 떠나려고 한다.

참고 '시제'와 '상'

시제와 상은 다르다. 시제는 우선 발화시간과 관련된 장면의 시간적 위치를
결정하는 것으로 하나의 문법 범주로 파악할 수 있다. 따라서 시제는 지식적
인 것으로 장면(상황)의 외적 구성이며 주로 형태적 실현에 초점을 둔다. 그
리고 현재와 미래를 나타내는 굴절형태소가 미분화되었기에 과거(-았/었-)와
비과거의 2가지로 나눈다. 반면에 상은 단순히 발화시간과 관련된 장면의
위치를 결정하는 것이 아니라 동작이 그 장면에 어떻게 펼쳐져 있는가에 있
다. 따라서 시제가 장면의 외적 상황이라면 상은 장면의 내적 상황이다. 그리
고 시제가 주로 형태적 실현이라면 상은 통사적 실현에 있다. 상의 문법 범주
로는 완료상과 미완료상의 대립이 있으며 미완료상은 다시 반복상, 진행상,
예정상으로 세분된다.

예 영수는 제주도에 갔다.　　(과거)
　　영수는 제주도에 가 있다.　　(완료상)
　　영수는 제주도에 가고 있다. (진행상)

7   부정 표현

부정을 나타내는 '안(아니)', '못'을 사용하는 문장을 말한다. '안(아니)'는 객관적 사실에 대한 부정과 동작주의 의지에 대한 부정이라면, '못' 부정은 능력 부족이나 외부의 원인으로 어떤 일이 되지 않는 상황이나 기대에 미치지 못하는 경우에 사용된다. 또한, '-지 않다', -지 못하다'를 사용하여 긴 부정문을 만든다.

7.1. '안' 부정문

(1) 짧은 부정문
긍정문의 형식을 사용하고, 서술어 앞에 '안(아니)'가 사용된다.

>　예　안 + 동사(가다) = '안' 부정문 → 마야는 학교에 안 가요.
>　　　안 + 형용사(춥다) = '안' 부정문 → 날씨가 안 추워요.

(2) 긴 부정문
용언의 어간에 '보조적 연결어미(지)+아니하다(않다)'가 결합된 문장이다.

>　예　동사(가다) + -지 않다 → 로빈은 학교에 가지 않아요.
>　　　형용사(어렵다) + -지 않다 → 한국어가 어렵지 않아요.

(3) 특징
'안' 부정은 주어의 유정성 여부와 서술어의 종류, 상황 맥락에 따라 단순 부정과 의지 부정을 나타낸다. '안' 부정문은 주어가 유정명사일 때에는 주어의 의지를 나타내지만 주어가 무정명사이거나 서술어가 형용사일 때는 주어의 의지는 암시되지 않는다. 예문 ①은 주어가 행위에 대한 의지가 없음을 보여주기에 의지 부정 혹은 의도 부정을 나타내고, ②는 객관적 사실에 대한 부정으로 단순 부정, 중립 부정이라 한다.

    ① 영미는 콘서트에 안 간다.
    ② 꽃이 아름답지 않다.

7.2. '못' 부정문

(1) 짧은 부정문

서술어 앞에 부정부사 '못'을 사용하여 만든다. 그러나 '못' 부정부사는 형용사 앞에 오면 어색하다.

    예》 못 + 동사(낳다) = '못' 부정문 → 남자는 아기를 못 낳아요.
            못 + 형용사(넓다) = '못' 부정문 → * 운동장이 못 넓어요.

(2) 긴 부정문

용언의 어간에 '보조적 연결어미(지)+아니하다(않다)'가 결합된 문장이다.

    예》 동사 + -지 못하다 → 클린턴 씨는 직장을 그만두지 못해요.
            형용사 + -지 못하다 → 집이 깨끗하지 못해요.

(3) '명사+하다'의 부정문

'숙제하다', '운동하다' 등의 '명사+하다'류 서술어 동사는 '숙제를 하다', '운동을 하다'에서 '-을/를'이 생략된 것으로 보아 '숙제를 안하다/못하다.'

와 '운동을 안하다/못하다'로 부정문을 만든다.

> 예 숙제하다 → 숙제를 안하다(* 안 숙제하다).
>   숙제를 못하다(* 못 숙제하다).
> 운동하다 → 운동을 안하다(* 안 운동하다).
>   운동을 못하다(* 못 운동하다).

(4) 명령문과 청유문의 부정문

명령문과 청유문에는 '안' 부정문과 '못' 부정문이 쓰이지 못하고 '-지 말다'를 사용하여 부정문을 만든다.

> 예 명령문 + -지 말다 → 너는 PC방에 <u>가지 마라</u>(가지 말아라).
> 청유문 + -지 말다 → 우리 도서관에 <u>가지 말자</u>.

참고 '안' 부정문과 '못' 부정문은 평서문, 감탄문, 의문문에만 나타난다. 그러나 '바라다, 원하다, 희망하다' 등의 원망을 나타내는 동사들은 명령문이나 청유문이 아니라도 '-지 말다'에 의해 부정문을 만들 수 있다. 다만 직접명령문에서 '-지 말다'는 '-지 마라'(-지 말아라)가 된다. 단, 간접명령문에서는 '-지 말라'로 쓴다.

> 예 "그곳에 가지 마라(말아라)"라고 당부하셨다.(직접)
> 그곳에 가지 말라고 당부하셨다.(간접)

---

(5) 어휘 부정 표현

부정의 의미를 지니는 특정한 어휘나 부정 표현과 호응이 되는 어휘들에 의해서도 부정문이 생성된다.

① 부정의 어휘

'이다 ↔ 아니다, 있다 ↔ 없다, 알다 ↔ 모르다'에서처럼 대립적인 어휘를 사용하여 만든다.

예 그는 사람이다. → 그는 사람이 아니다.

영수가 여기 있다. → 영수가 여기 없다.

철수는 이곳의 지리를 잘 안다. → 철수는 이곳의 지리를 잘 모른다.

② 부정의 부사

'결코, 전혀, 조금도, 도저히, 하나도, 별로'의 부사를 사용하여 부정의 문장을 만든다.

예 그는 결코(조금도, 도저히) 시험 공부를 포기하지 않을 것이다.

영호는 별로 가고 싶지 않다.

8 피동 표현

8.1. 능동과 피동의 개념

문장의 주어가 제 힘으로 어떤 동작이나 행위를 하는 것을 능동이라 하고 이것을 나타내는 동사를 능동사라 한다. 반면 피동은 주어가 남이 행하는 동작이나 행위에 의해 영향을 입는 것을 말하며, 이것을 나타내는 동사를 피동사라 한다. 그리고 능동과 피동을 문법적 절차에 따라 표현한 문장을 능동문(①)과 피동문(②)이라 한다.

예 ① 고양이가 쥐를 잡았다.

② 쥐가 고양이에게 잡(히었)혔다.

8.2. 피동 표현의 종류

한국어에서 피동 표현은 크게 파생 접사에 의해 실현되는 파생적 피동(짧은 피동)과 '-아/어지다'에 의해 실현되는 통사적 피동(긴 피동)으로 구분된다. 이 외에 '되다', '받다', '당하다', '입다'와 같이 피동의 사실이나 상황 등을 나타내는 어휘를 통해 피동을 표현하는 방식도 있다.

8.2.1. 피동 접미사에 의한 피동 표현(짧은 피동)

파생적 피동문이라고 하는 짧은 피동문은 능동사의 어간에 피동 접미사를 붙여서 만든다.

> 능동사 어간 + 피동 접미사(-이-, -히-, -리-, -기-)

능동사	피동 접미사	피동사
놓다 보다 묶다 섞다	-이-	놓이다 보이다 묶이다 섞이다
닫다 먹다 묻다 밟다	-히-	닫히다 먹히다 묻히다 밟히다
누르다 듣다 물다 밀다	-리-	눌리다 들리다 물리다 밀리다

감다 끊다 안다 찢다	-기-	감기다 끊기다 안기다 찢기다

(1) 피동 표현 만들기

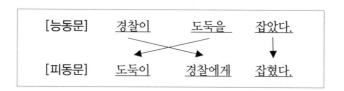

능동문의 주어는 피동문의 부사어(에게, 에, 에 의해서)로 되고, 목적어는 주어가 되며, 능동사는 피동사가 된다. '-에게'는 유정명사에, '-에'는 무정명사에 사용되며 대체로 '-에 의해서'가 사용된다.

> 예 [능동문] 엄마가 아기를 안았다.
> [피동문] 아기가 엄마에게 안기었다(안겼다).
>
> [능동문] 경찰이 도둑을 잡았다.
> [피동문] 도둑이 경찰에게(에 의해서) 잡히었다(잡혔다).
>
> [능동문] 태풍이 마을을 휩쓸었다.
> [피동문] 마을이 태풍에(에 의해서) 휩쓸리었다(휩쓸렸다).

(2) 피동문의 특징

① 피동접미사는 타동사의 어근에 연결되어 자동사로 바뀌는 것이 원칙이다.

② 능동문의 주어가 피동문에서는 부사어로 바뀌는데, 유정명사에는 '에게', 무정명사에는 '에', 그리고 대체로 '에 의해서'가 사용된다.

③ 피동접미사는 능동 표현의 동작동사가 지니는 [동작성] 자질을 [비동작성] 자질로 바꾸는 역할을 한다.

8.2.2. '-어(아/여)지다'를 붙여 만든 피동 표현(긴 피동)

긴 피동문인 통사적 피동문은 능동사에 '-어(아/여)지다'를 붙여서 만든다.

능동사 어간 + -어(아/여)지다

> **예** 신발 끈이 잘 풀어져요.
> 범인이 누구인지 밝혀졌어요. (밝다: 형용사, 밝히다: 동사)
> 이 볼펜은 글씨가 잘 써져요.
> 바람에 가지가 꺾이어졌어요(꺾여졌어요).

참고 '피동 접미사'에 의한 피동과 '-어(아/여)지다'에 의한 피동의 차이

'피동 접미사'에 의한 피동이 자연히 이루어진 일을 뜻한다면, '-어(아/여)지다'에 의한 피동은 자연히 이루어진 일 외에도 힘든 과정, 즉 인위적인 행위가 가해진 뜻이 된다.

> **예** 코가 막혔다. (자연적)   코가 막아졌다. (인위적)
> 밭이 잘 갈린다.(자연적)   밭이 잘 갈아진다.(인위적)

또한, 피동 접미사에 의한 피동은 단순한 피동 의미도 있지만(①) 잠재적인 가능성을 뜻하기도 한다(②).

> **예** ① 그 오랜된 집이 팔렸다.

② 책이 잘 팔린다.

8.2.3. 단어 자체에 피동의 의미가 포함되어 있는 피동 표현

대응하는 피동사도 없고, '-어(아/여)지다'로도 피동 표현을 할 수 없는 '-하다'계 동사들은 '-되다' 또는 '-당하다', '-받다'로 바꾸어서 표현하기도 한다. 이러한 어휘적 피동은 문법 범주 차원에서 피동문 개념을 논할 때 제외되지만 피동이 갖는 의미론적 측면에 중점을 두고 광의의 피동 표현을 다룰 때는 어휘적 피동까지를 모두 포괄할 수 있다. 특히 한국어교육에서는 상황 의존적인 피동 표현의 이해와 사용 교육이 중요하기에 문법 범주 차원의 피동과 같이 의미론적 차원에서 이루어지는 피동 표현을 포함시킨다.

> 예 그 사건은 언론에 주목받았다(주목되었다. 주목당했다).
> 범인이 구속되었다(구속당했다). /*구속받았다.
> 이번 일로 도전받았다(도전되었다). /*도전당했다.
> 선생님은 학생들에게 사랑받았다. /*사랑당했다. *사랑되었다.

9 사동 표현

어떤 동작주가 다른 사람에게 동작을 하도록 시키는 것을 사동이라 하고, 이를 나타내는 동사를 사동사라 한다. 그리고 동작주가 자신이 하는 동작을 나타내는 동사를 주동이라 하고, 이를 나타내는 동사를 주동사라 한다.

> 예 영수가 책을 읽었다(주동문). ⇒ 영수에게 책을 읽히셨다.(사동문)

9.1 사동 표현의 종류

동사의 어간에 '-이, -히, -리, -기, -우, -구, -추'와 같이 사동접미사가 연결된 문장을 짧은 사동문, 또는 파생적 사동문이라 한다. 그리고 '-게 하다'와 같이 보조적 연결어미 뒤에 보조동사 '하다'가 결합된 문장을 긴 사동문, 또는 통사적 사동문이라 한다.

9.1.1. 사동 접미사에 의한 사동표현(짧은 사동)

동사의 어간에 '-이, -히, -리, -기, -우, -구, -추'와 같이 사동접미사를 연결시켜 만들어 파생적 사동문이라고도 한다.

동사 어간 + 사동 접미사(-이, -히, -리, -기, -우, -구, -추)

동사	사동 접미사	사동사
끓다 녹다 높다 먹다 보다 속다 죽다	-이-	끓이다 녹이다 높이다 먹이다 보이다 속이다 죽이다
넓다 눕다 밝다 앉다 업다 익다 입다	-히-	넓히다 눕히다 밝히다 앉히다 업히다 익히다 입히다

동사	사동 접미사	사동사
읽다		읽히다
잡다		잡히다
좁다		좁히다
날다		날리다
돌다		돌리다
물다		물리다
살다	-리-	살리다
알다		알리다
얼다		얼리다
울다		울리다
감다		감기다
남다		남기다
맡다		맡기다
벗다	-기-	벗기다
숨다		숨기다
웃다		웃기다
깨다	-우-	깨우다
비다		비우다
달다	-구-	달구다
낮다	-추-	낮추다
늦다		늦추다

① 자동사가 사동사로 바뀜

   (녹다→녹이다, 숨다→숨기다, 익다→익히다)

새로운 동작주(주어)가 만들어지고, 주동문의 주어가 목적어로 바뀐다.

예 얼음이 녹는다. ⇒ 아이들이 얼음을 녹인다.

② 타동사가 사동사로 바뀜

   (먹다→먹이다, 입다→입히다, 벗다→벗기다)

새로운 동작주가 만들어지고, 주동문의 주어는 '에게'가 되어 부사어로 바뀐다.

⟨예⟩ 철수가 옷을 입었다. ⇒ 누나가 철수에게 옷을 입히었다.

③ 형용사가 사동사로 바뀜

　(넓다→넓히다, 밝다→밝히다, 낮다→낮추다)

새로운 동작주가 만들어지고, 동작주의 주어가 목적어로 바뀐다.

⟨예⟩ 길이 넓다. ⇒ 사람들이 길을 넓히다.

9.1.2. '-게 하다'를 붙여 만든 사동표현(긴 사동)

보조적 연결어미 '-게' 뒤에 보조동사 '하다'가 결합된 문장이다.

```
동사 어간 + 게 하다
```

① 새로운 동작주가 도입된다.

⟨예⟩ 친구가 왔다. ⇒ 부모님이 친구를 오게 하였다.
　　책을 읽었다. ⇒ 형이 책을 읽게 하였다.

② 주동문의 주어는 목적어나 부사어(유정물)로도 가능하다

⟨예⟩ 친구가 갔다. ⇒ 부모님이 친구에게 가게 하였다.
　　　　　　　　　부모님이 친구를 가게 했다.
　　담이 높다. ⇒ 담을 높게 했다.
　　　　　　　　*담에게 높게 했다.

154 •

③ 파생적 사동문에서는 피사동주에 항상 '에게'가 붙는 데 비해, 통사적 사동문에서는 피사동주에 '에게'가 붙기도 하고 주격 조사 '이/가'가 붙기도 한다.

예 영미는 동생{*이, 에게} 밥을 먹이었다.
　　영미는 동생{이, 에게} 밥을 먹게 하였다.

④ 사동문의 특수 의미 : 형식은 사동문 형식이지만 의미의 특수화를 갖는다.

예 소를 <u>먹이다</u>(사육하다).　소에게 풀을 <u>먹이다</u>(먹다의 사동).
　　아이를 <u>놀리다</u>(희롱하다).

⑤ 사동 접미사에 의한 사동문과 '-게 하다' 사동문의 의미 차이
접미사에 의한 사동문과 '-게 하다'의 연결에 의한 통사적 사동문 간에는 그 쓰임에 차이가 있다.

예 ① 어머니가 동생에게 옷을 <u>입히셨다</u>.
　　② 어머니가 동생에게 옷을 <u>입게 하셨다</u>.

앞의 두 예문에서 알 수 있는 바와 같이 의미상의 차이가 있다. 접미사에 의한 ①의 사동문은 의미가 직접·간접적일 수 있으나, '-게 하다'에 의한 사동문 ②는 의미가 간접적이다.

참고 '읽히다'의 특수성

예 선생님이 영호에게 책을 <u>읽히셨다</u>.
　　선생님이 영호에게 책을 <u>읽게 하셨다</u>.

일반적으로 사동 접미사에 의한 사동문은 직접적인 의미를 포함하지만 '읽히다'만은 간접적 의미를 갖는다. 따라서 위의 예문은 모두 간접적인 의미이다.

이 외에 '하다'가 쓰인 서술어에서 '하다'를 '시키다'로 바꾸어 넣어 사동 표현을 만들기도 한다. '시키다'에 의한 사동 표현은 주로 동사 '하다'나 '-하다'가 결합되어 있는 동사에 대응해서만 쓰인다.

① 민호가 발표했다. (주동문)
② 선생님이 민호에게 <u>발표시켰다</u>. (-시키다 사동문)
③ 선생님이 민호에게 발표<u>를</u> 시켰다.
④ 선생님이 민호에게 발표를 <u>안</u> 시켰다.
⑤ 선생님이 민호에게 발표하<u>게</u> <u>했다</u>.

'시키다'는 일반적으로 앞 말과 분리될 수 있는 '하다'에 대한 사동 표현이기에 예문 ③과 같이 '시키다'와 그 앞 말과의 사이에 '을/를'을 넣거나 예문 ④처럼 부정 부사어를 넣을 수 있다. 이때 '시키다'는 접미사가 아니라 동사로 어휘적 사동으로 볼 수 있다. 그리고 '시키다'는 대체로 '-게 하다'와 같은 의미를 나타내기 때문에 바꾸어 쓸 수 있다. '시키다'에 의한 사동은 '시키다'가 단독으로 서술어로 사용되는 경우는 제외하고 '운동시키다, 말시키다'처럼 '시키다'가 파생접미사일 경우에만 가능하다.[11]

10 인용 표현

인용은 화자가 남이나 자신의 말과 글 또는 생각이나 판단 내용을 옮겨

11) 박덕유 외(2019: 188) 참고.

와서 다른 사람에게 전달하는 것이다. 인용에는 직접 인용과 간접 인용이 있다. 직접 인용은 화자가 남의 말이나 글을 그대로 인용하여 쓰거나 말한 것이고, 간접 인용은 화자가 원래 말한 것을 전달자의 입장에 맞게 문장을 바꾸어 쓰거나 표현한 것이다.

10.1. 직접 인용

　남의 말이나 글, 생각을 표현한 문장을 그대로 인용하는 것으로 인용된 부분은 큰따옴표(" ")를 붙이고, 큰따옴표 다음에 인용 조사 '-라고', '하고'가 붙고 다음에 서술어가 온다.

> 예) 영미: 아! 여행 가고 싶다.
> 다로앗: 영미가 "아! 여행 가고 싶다."라고 말했어요.
>
> 병아리가 "삐악삐악" 하고 울었다.
> 엄마가 나에게 "밥 먹어" 하고 말했다.

참고 '라고'와 '하고'

　직접 인용 뒤에는 '라고'와 '하고'를 쓴다. '라고'와 '하고'는 조금 다르다. '하고'가 붙는 인용절은 '라고'가 붙는 경우와는 달리 말한 사람의 억양이나 표정을 포함한 모든 것이 그대로 인용된다. 특히 의성어를 인용할 때는 '하고'만을 사용한다. '하고'는 동사 '하다'의 어간에 연결어미 '-고'가 붙은 것으로 '라고'가 붙여 쓰는 반면 '하고'는 띄어 써야 한다.

10.2. 간접 인용

　남의 말이나 글, 말하는 사람의 생각이나 판단 등을 원래의 문장 그대로 옮기는 것이 아니라 말하는 사람의 입장에서 인칭, 시간, 장소, 존칭 관계

등을 바꾸어 인용한다. 따라서 큰따옴표는 사용하지 않는다. 간접인용절에서는 상대높임법이 실현되지 않으며, 안은문장의 시제와 일치시키지 않고 말할 때의 시제를 그대로 사용한다. 종결어미는 문장의 종류에 따라 특정한 어미로 나타난다.

문장의 종류		현재	과거	미래
평서문 감탄문	동사	-ㄴ다/는다고	-았/었다고	-ㄹ거라/을거라고
	형용사	-다고		
	명사+이다	-(이)라고		
의문문	동사	-느냐고	-았/었/느냐고	-ㄹ거냐/-을 거냐고
	형용사	-(으)냐고		
	명사+이다	-(이)냐고		
명령문	동사	-(으)라고	-	-
청유문	동사	-자고	-	-

(1) **평서문**: 종결어미가 '동사+-ㄴ다/는다고', '형용사+-다고', '명사+-(이)라고'로 나타난다.

　① 떰안: "학교에 가요." "점심시간에 밥을 먹어요."

　　　　→ 떰안이 학교에 <u>간다고</u> 해요.

　　　　→ 떰안이 점심시간에 밥을 <u>먹는다고</u> 해요.

　② 떰안: "어제 학교에 갔어요." "점심시간에 밥을 먹었어요."

　　　　→ 떰안이 어제 학교에 <u>갔다고</u> 해요.

　　　　→ 떰안이 점심시간에 밥을 <u>먹었다고</u> 해요.

　③ 떰안: "내일 학교에 갈 거예요." "점심시간에 밥을 먹을 거예요."

　　　　→ 떰안이 내일 학교에 갈 거라고 해요.

　　　　→ 떰안이 점심시간에 밥을 먹을 거라고 해요.

④ 엄마: "오늘 날씨가 좋다." "어제 날씨가 추웠다."

　　　　→ 엄마가 오늘 날씨가 좋다고 했어요.

　　　　→ 엄마가 어제 날씨가 추웠다고 했어요.

⑤ 영희: "저는 기자입니다." "저는 학생입니다."

　　　　→ 영희가 자기는 기자라고 해요.

　　　　→ 영희가 자기는 학생이라고 해요.

(2) 감탄문: 평서문과 동일하게 종결어미가 '동사+-ㄴ다/는다고', '형용사+-다고', '명사+-(이)라고'로 나타난다.

① 영희: "비가 오는구나!" "드디어 웃는구나!"

　　　　→ 영희가 비가 온다고 해요.

　　　　→ 영희가 드디어 웃는다고 해요.

② 영희: "비가 왔구나!" "드디어 웃었구나!"

　　　　→ 영희가 비가 왔다고 해요.

　　　　→ 영희가 드디어 웃었다고 해요.

③ 영희: "비가 오겠구나!" "드디어 웃겠구나!"

　　　　→ 영희가 비가 올 거라고 해요.

　　　　→ 영희가 드디어 웃을 거라고 해요.

④ 엄마: "오늘 날씨가 좋구나!" "어제 날씨가 추웠구나!"

　　　　→ 엄마가 오늘 날씨가 좋다고 했어요.

　　　　→ 엄마가 어제 날씨가 추웠다고 했어요.

⑤ 영희: "저 사람이 기자구나!." "그는 학생이구나!"

　　　　→ 영희가 저 사람이 기자라고 해요.

　　　　→ 영희가 그는 <u>학생이라고</u> 해요.

(3) **의문문**: 서술어가 동사일 때 '-느냐고'를, '명사+이다'와 형용사 일 때
는 '-(으)냐고'를 사용한다.
　① 동아: "눈이 와요?", "밥을 먹어요?"
　　　　→ 동아가 눈이 <u>오느냐고</u> 해요.
　　　　→ 동아가 밥을 <u>먹느냐고</u> 해요.
　② 동아: "눈이 왔어요?", "밥을 먹었어요?"
　　　　→ 동아가 눈이 <u>왔느냐고</u> 했어요.
　　　　→ 동아가 밥을 <u>먹었느냐고</u> 했어요.
　③ 동아: "눈이 올 거예요?", "밥을 먹을 거예요?"
　　　　→ 동아가 눈이 <u>올 거냐고</u> 합니다.
　　　　→ 동아가 밥을 <u>먹을 거냐고</u> 합니다.
　④ 할머니: "이 꽃이 예쁘니?", "오늘 날씨가 좋으니?"
　　　　→ 할머니께서 이 꽃이 <u>예쁘냐고</u> 물으셨어요.
　　　　→ 할머니께서 오늘 날씨가 <u>좋으냐고</u> 물으셨어요.
　⑤ 경찰: "당신은 기자입니까?", "당신은 학생입니까?."
　　　　→ 경찰은 내가 <u>기자냐고</u> 물었어요.
　　　　→ 경찰은 내가 <u>학생이냐고</u> 물었어요.

참고 '-느냐고', '-(으)냐고' / '-냐고'

　의문문의 간접 인용은 서술어가 동사일 때 '-느냐고', 형용사일 때 '-(으)냐고'
로 나타난다. 그러나 한국어 모어 화자들은 동사, 형용사에 상관없이 '-냐고'
를 사용하는 경향이 있다.

예) 철수가 비가 오냐고 해요.

영수가 아침을 먹었냐고 했어요.

선생님께서 오늘 날씨가 좋으냐고 물었어요.

선생님께서 오늘 날씨가 좋냐고 물었어요.

(4) **명령문**: 간접인용절이 될 때에는 종결어미 '-으라고'가 쓰인다.

① 부장: "내일은 재택근무 하세요."

　→ 부장님이 내일은 재택근무 하라고 했어요.

② 자녀들: "주말에 여행을 다녀 오십시오."

　→ 자녀들이 부모님께 주말에 여행 다녀오라고 했어요.

③ 민호: "엄마, 저 좀 도와주세요."

　→ 민호가 엄마에게 자기를 도와 달라고 해요.

④ 엄마: "이 과일을 경비 아저씨께 갖다 주렴."

　→ 엄마가 경비 아저씨께 과일을 갖다 주라고 했어요.

⑤ 순이: "예들아, 건강 관리 잘해."

　→ 순이는 친구들에게 건강 관리 잘하라고 했어요.

참고 '주다'

'주다'는 목적어를 받는 대상이 누구냐에 따라서 인용문에서 사용하는 동사가 달라진다. 목적어를 받는 대상이 1인칭이면 '달라고', 3인칭일 때는 '주라고'를 사용한다.

예) 철수: "저 좀 도와주세요."

　→ 철수가 자기를 도와 달라고 해요. (원래 화자 = 받는 대상)

민수: "이 책을 미연 씨에게 주세요."

　→ 민수가 미연 씨에게 이 책을 주라고 합니다.

　(원래 화자 ≠ 받는 대상)

(4) 청유문: 간접인용절일 때에는 종결어미 '-자고'를 붙인다.

   ① 인영: "언니, 식사하러 가요."

         → 인영이가 식사하러 가자고 해요.

   ② 만복: "우리 차 마시러 가자"

         → 만복이가 차 마시러 가자고 했어요.

   ③ 아저씨: "너무 늦었으니 이제 그만 헤어집시다."

         → 아저씨가 이제 그만 헤어지자고 합니다.

   ④ 엄마: "애들아, 이제 집에 가자."

         → 엄마가 이제 집에 가자고 했어요.

제
4
장
표현

쉽고 간결한 한국어 문법과 표현

제4장

표현

1 진행

목록	등급
-고 있다	초급
-는 중이다	초급
-아/어/여 가다/오다	중급

1.1. 동사 + -고 있다

[의미]

어떤 동작이 진행되거나 진행이 완료된 후 그 상태가 지속됨을 나타낸다.

[형태]

동사 뒤에 '-고 있다'가 결합한 형태이다. 어간 받침의 제약이 없이 모두 '-고 있다'가 붙는다.

[사용]

(1) 동작의 진행을 나타낸다.

> 예 가: 지금 뭐 해요?
> 나: 지금 책을 읽고 있어요.
>
> 가: 어디에 가고 있어요?
> 나: 커피숍에 가고 있어요.

(2) 진행이 완료된 후 그 상태가 지속됨을 나타낸다.

> 예 가: 날씨가 추워요.
> 나: 그래서 저는 옷을 많이 입고 있어요.

(3) 동작과 상태 지속의 비교

> 예 그는 넥타이를 매고 있다.
>
> ■ 동작의 진행의 의미
> 지금 넥타이를 매고 있는 중이다.
>
> ■ 진행의 완료 후 상태 지속의 의미
> 그는 이미 넥타이를 매는 행동이 끝난 후에 계속 넥타이를 맨 상태에
> 있다.

(4) '-고 있다'의 높임 표현으로 '-고 계시다'를 쓴다.

> 예 가: 부모님께서 어디에 사세요?
> 나: 부모님께서는 제주도에 살고 계세요.

[제약]

사용하는 동사는 탈착 동사 '쓰다, 입다, 신다, 끼다, 차다, 메다, 벗다'

등과 일부 동사 '열다, 닫다, 눕다, 엎드리다, 앉다, 서다, 타다' 등은 '동작이 진행'되는 의미와 '진행이 완료된 후 그 상태가 지속'되는 의미를 모두 갖는다.

1.2. 동사 + -는 중이다

[의미]

어떤 일의 상황이나 동작이 진행되고 있음을 나타낸다.

[형태]

동사의 뒤에 '-는 중이다'가 붙는다.

[사용]

(1) 상황이나 동작의 진행을 나타낸다.

    예 가: 사무실에 아무도 없어요?
        나: 지금 회의하는 중이니 조용히 하세요.

        가: 마리아 씨와 이야기 할 수 있을까요?
        나: 전화하는 중이니 잠시 기다리세요.

        가: 어머니께서는 어디에 계세요?
        나: 부엌에서 요리하시는 중이에요.

(2) '명사 + -중'으로 나타낼 수 있다.

    예 밥을 먹는 중이다. = 식사 중
        책을 읽는 중이다. = 독서 중
        전화하는 중이다. = 통화 중

회의하는 중이다. = 회의 중

[비교]

(1) '-고 있다'와 '-는 중이다'는 상황이나 동작의 진행이라는 점에서 바꿔 쓸 수 있다.

> 예 나는 음악을 듣고 있다
> = 나는 음악을 듣는 중이다.

(2) '-고 있다'와 '-는 중이다'는 상황이나 동작의 진행이기는 하나 진행의 지속성에 있어서는 차이가 있다. '살고 있다'와 '사는 중이다'를 비교하면 더 자연스럽게 느껴지는 것은 '살고 있다'이다. 이는 '-고 있다'가 지니고 있는 상황이나 동작에 대한 지속성이 '-는 중이다'에 비해 비교적 길기 때문이다. '-는 중이다'는 '전화하는 중이다, 회의하는 중이다'와 같이 그 상황이나 동작 안에서의 순간적 지속성을 나타낸다.

> 예 저는 10년째 인천에 살고 있어요.
> 저는 10년째 인천에 사는 중이에요.

1.3. 동사/형용사 + -아/어/여 가다/오다

[의미]

어떤 동작이나 상태가 계속되거나 진행됨을 나타낸다. 현재를 기준으로 과거의 일정 시점부터 현재로 다가오는 동작이나 상태는 '-아/어/여 오다'를 사용하며, 현재를 기준으로 미래의 일정 시점까지는 '-아/어/여 가다'를 사용하여 현재에서 멀어지면서 앞말의 동작이나 상태가 계속 진행됨을 의미한다.

[형태]

동사나 형용사 뒤에 '-아/어/여 가다/오다'가 결합한 형태이다. 동사나 형용사의 어간이 모음 '아, 오'로 마치면 '-아 가다/오다'를 '아, 오'로 안 마치면 '-어 가다/오다'가 붙는다. '하'로 마치면 '-여 가다/오다'가 붙는다.

[사용]

(1) 동작이 계속되거나 진행됨을 나타낸다.

예 가: 시간 없어. 빨리 먹어.
나: 다 먹어 가니까 조금만 기다려.

가: 두 사람은 언제부터 만나 왔어요?
나: 우리는 6개월 전부터 만나 왔어요.

(2) 상태 변화가 계속되거나 진행됨을 나타낸다.

예 가: 숲속에 가을밤이 깊어 가지요.
나: 네, 귀뚜라미 소리도 들려 오고 좋네요.
가. 이제 이곳 생활도 친숙하여(해) 가요.

[확장]

(3) 반복되는 사건이나 습관을 나타내기도 한다.

예 가: 매주 등산을 해요?
나: 네, 작년부터 매주 등산을 해 왔어요.

2 정 도

목록	등급
-(으)ㄹ수록	초급
-도록	중급
-(으)ㄴ/는 편이다	중급
-다시피 하다	중급
-(으)ㄴ/는 셈이다	중급
-(으)ㄴ/는 만큼	중급
-(으)ㄹ 만하다	중급
-(으)ㄹ 지경이다	중급
-(으)ㄹ 정도이다	중급
하도 -아/어/여서	중급

2.1. 동사/형용사 + -(으)ㄹ수록

[의미]

어떤 상황이나 정도가 점점 더하여 가거나 덜함을 나타낸다.

[형태]

동사나 형용사 뒤에 '-(으)ㄹ수록'이 결합한 형태이다. 어간이 받침으로 마치면 '-을수록', 받침으로 안 마치면 '-ㄹ수록'이 붙는다.

명사는 받침으로 마치면 '-일수록', 받침으로 안 마치면 '-ㄹ수록'이나 '-일수록'이 붙는다.

[사용]

(1) 상황이나 정도가 점층적으로 더하여 가거나 덜함을 나타낸다.

> 예 가: 그 사람이 어때요?
> 나: 처음에는 좋았는데 만날수록 싫어져서 고민이에요.
>
> 가: 천천히 하세요.
> 나: 급할수록 돌아가라는 말도 있잖아요.
>
> 가: 부자일수록 교만하기가 쉬워요.
> 나: 맞아요. 주변 상황이 그렇게 만드는 것 같아요.

(2) '-(으)면 -(으)ㄹ수록'을 사용하기도 한다. 이때는 앞과 뒤의 동사 또는 형용사의 어휘가 같아야 한다.

> 예 가: 비빔밥은 먹으면 먹을수록 더 맛있어요.
> 나: 채소와 고기가 골고루 들어 있어서 더 맛있는 것 같아요.
>
> 가: 자리가 사람을 만든다는데 그 사람은 왜 그럴까요?
> 나: 자리가 높으면 높을수록 겸손해야 하는데 쉽지는 않겠지요.

[속담 및 관용구의 표현]

> 예 갈수록 태산이다.
> 물이 깊을수록 소리가 없다.
> 아이와 북은 칠수록 소리가 난다.
> 벼는 익을수록 고개를 숙인다.

2.2. 동사/형용사 + -도록

[의미]

앞에 오는 말이 뒤에 나오는 행위에 대한 정도를 나타낸다.

[형태]

동사나 형용사 뒤에 '-도록'이 결합한 형태이다. 어간 받침의 제약이 없이 모두 '-도록'이 붙는다.

[사용]

뒤에 나오는 행위의 정도를 나타낸다.

> 예 가: 왜 눈이 빨개요?
>
> 나: 어제 눈이 아프도록 게임을 해서요.
>
> 가: 요즘도 운동을 해요?
>
> 나: 네, 어제는 옷이 젖도록 운동을 했어요.

[속담 및 관용구의 표현]

> 예 검은 머리 파뿌리 되도록 행복하게 사세요.
>
> 귀에 못이 박히도록 이야기해도 듣지 않는다.
>
> 침이 마르도록 칭찬을 하니 몸 둘 바를 모르겠다.
>
> 입이 닳도록 잔소리를 해도 고쳐지지 않는다.

[제약]

(1) '형용사(아프다, 따뜻하다, 춥지 않다)+도록'의 경우 화용적으로 허

용하는 경우가 있다.

(2) '동사의 어간 + -기 쉽다, 동사의 어간 + -기 좋다' 등이 이에 해당한다.

> 예 가: 이 수박을 어떻게 자를까요?
> 나: 한 입에 먹기 좋도록 작게 잘라 주세요.

참고 뒤에 나오는 행위의 목적, 시간의 한계, 방식을 나타내기도 한다.

1. 뒤에 나오는 행위에 대한 목적을 나타낸다.

> 예 가: 약속 시간에 늦지 않도록 미리 준비하세요.
> 나: 네. 알겠어요.

2. 뒤에 나오는 행위에 대한 시간의 한계를 나타낸다.

> 예 가: 자정이 넘도록 연락이 없어요.
> 나: 걱정이네요. 무슨 일이 생긴 것은 아니겠지요.

3. 뒤에 나오는 행위에 대한 방식을 나타낸다.

> 예 가: 외부인은 함부로 출입하지 못하도록 합시다.
> 나: 저도 찬성입니다.

2.3. 동사/형용사 + -(으)ㄴ/는 편이다

[의미]

대체로 어느 쪽에 가깝다거나 속하는 것을 나타낸다.

[형태]

동사나 형용사 뒤에 '-(으)ㄴ/는 편이다'가 결합한 형태이다. 동사는 어간 받침의 제약이 없이 모두 '-는 편이다'가 붙는다.

형용사는 어간이 받침으로 마치면 '-은 편이다', 받침으로 안 마치면 '-ㄴ 편이다' 또한 'ㄹ' 받침으로 마치면 받침 'ㄹ'이 탈락하고 '-ㄴ 편이다'가 붙는다.

[사용]

동사의 경우 대체로 어느 쪽에 가깝다거나 속한다는 주관적인 정도를 나타내며 '가끔, 조금, 자주, 많이, 잘, 안, 못, 열심히, 갑자기' 등을 함께 사용해야 자연스럽다.

> 예 가: 평소에 얼마나 자요?
> 나: 저는 다른 사람들에 비해 잠을 조금 자는 편이이에요.
>
> 가: 이사할 집이 좋아요?
> 나: 네, 햇빛도 잘 들고 깨끗한 편이에요.

[제약]

(1) 현재와 과거 시제에만 쓰이고 미래 시제에는 쓰이지 않는다.

(2) 동사의 과거 시제를 쓸 때는 '-(으)ㄴ 편이다'를 쓴다.
> 예 올해 겨울은 눈이 많이 온 편이다.
> 나는 일찍 결혼한 편이다.

(3) '있다, 없다'는 '-는 편이다'와 결합한다.
> 예 그 영화는 재미있는 편이다.(O)

(3) 명백하고 확실한 상황이나 사실의 경우는 사용하지 않는다.

> **예** 그의 키는 180cm인 편이다.(X)
> 그의 키는 180cm이다.(O)
> 그는 한국 사람이니까 김치를 잘 먹는 편이다.(X)
> 그는 한국 사람이니까 김치를 잘 먹는다.(O)

참고 동사의 과거 비교

(1) 과거(기간)　　→　포리는 아프기 전에는 산책을 잘한 편이었다.

(2) 과거(특정시점)　→　포리는 어제 산책을 잘한 편이다.

2.4. 동사 + -다시피 하다

[의미]

실제로 그 동작을 하는 것은 아니지만 그 동작에 가까운 정도를 나타낸다.

[형태]

동사 뒤에 '-다시피 하다'가 결합한 형태이다. 어간 받침의 제약이 없이 모두 '-다시피 하다'가 붙는다.

[사용]

실제로 그 동작을 하는 것은 아니지만 그 동작에 가까운 정도를 나타낸다.

> **예** 가: 피곤해 보여요.
> 나: 일이 바빠서 회사에 살다시피 하거든요.
>
> 가: 다이어트 때문에 힘들지요?
> 나: 네, 매일 굶다시피 하는데도 살이 안 빠져요.

가: 요즘 건강이 안 좋아 보여요.

나: 네, 일이 너무 힘들어서 매일 코피가 나다시피 해요.

2.5. 동사/형용사 + -(으)ㄴ/는 셈이다

[의미]

실제는 아니지만 따져 보면 상황이나 상태가 결국 비슷하거나 마찬가지임을 나타낸다. 또한 앞으로 어떻게 할 생각임을 나타낸다.

[형태]

동사나 형용사 뒤에 '-(으)ㄴ/는 셈이다'가 결합한 형태이다. 동사는 어간이 받침으로 마치면 과거, 현재, 미래 순으로 '-은 셈이다, -는 셈이다, -(으)ㄹ셈이다'가 붙는다. 어간이 받침으로 안 마치거나 'ㄹ' 받침으로 마치면 과거, 현재, 미래 순으로 '-ㄴ 셈이다, -는 셈이다, -ㄹ 셈이다'가 붙는다. 이때, 'ㄹ' 받침으로 마치면 받침 'ㄹ'이 탈락 후 결합한다.

형용사는 현재형만 있다. 어간이 받침으로 마치면 '-은 셈이다', 받침으로 안 마치거나 'ㄹ 받침'으로 마치면 받침 'ㄹ'이 탈락하고 '-ㄴ 셈이다'가 붙는다.

명사는 받침으로 마치면 '-인 셈이다', 받침으로 안 마치면 '-ㄴ 셈이다, -인 셈이다'가 붙는다.

[사용]

(1) '-(으)ㄴ/는 셈이다'의 경우 실제는 아니지만 따져 보면 결국 비슷하거나 마찬가지라는 의미를 나타낸다.

예 가: 모두 모였어요?

나: 100명 중 1명만 안 왔으니 다 온 셈이네요.

가: 휴대전화가 비싸네요.

나: 품질과 성능을 생각하면 비싸지 않은 셈이에요.

가: 한국에 오래 사셨어요?

나: 벌써 30년이 다 되어가니까 이제는 고향인 셈이네요.

(2) '-(으)ㄹ 셈이다'의 경우 앞으로 어떻게 할 생각임을 나타낸다.

예 가: 왜 한국어를 공부해요?

나: 저는 계속 한국에 살 셈으로 한국어를 배우고 있어요.

가: 졸업 후에 뭐 할 거예요?

나: 외국으로 유학을 갈 셈이에요.

[제약]

'있다, 없다'는 '-는 셈이다'와 결합한다.

2.6. 동사/형용사 + -(으)ㄴ/는 만큼

[의미]

앞의 내용에 비례하거나 비슷한 정도 또는 수량임을 나타낸다.

[형태]

동사나 형용사 뒤에 '-(으)ㄴ/는 만큼'이 결합한 형태이다. 동사는 어간이 받침으로 마치면 과거, 현재, 미래 순으로 '-은 만큼, -는 만큼, -을 만큼'이 붙는다. 어간이 받침으로 안 마치거나 'ㄹ' 받침으로 마치면 과거, 현재,

미래 순으로 '-ㄴ 만큼, -는 만큼, -ㄹ 만큼'이 붙는다. 이때 받침 'ㄹ'은 탈락한다.

형용사는 현재형만 있다. 어간이 받침으로 마치면 '-은 만큼', 받침으로 안 마치거나 'ㄹ' 받침으로 마치면 받침 'ㄹ'이 탈락하고 ' - ㄴ 만큼'이 붙는다.

명사는 받침의 제약 없이 모두 '-만큼'이 붙는다.

[사용]

앞의 내용에 비례하거나 비슷한 정도 또는 수량임을 나타낸다.

> **예** 가: 바람이 많이 부네요.
> 나: 네, 꽃잎이 다 떨어질 만큼 세게 불어요.
>
> 가: 일이 잘 안 돼서 걱정이에요.
> 나: 노력한 만큼 좋은 결과가 있을 거예요. 힘내세요.
>
> 가: 얼마만큼 했어?
> 나: 너만큼 했어.

[속담 및 관용구의 표현]

> **예** 하늘만큼 땅만큼 널 사랑해.

[제약]

'있다, 없다'는 동사의 형태로 변화한다.

> **예** 가: 그 영화가 어때요?
> 나: 제가 볼 수 없을 만큼 무서워요.

참고 1) 뒤 내용의 이유나 근거임을 나타내기도 한다. 이때에는 '-(느/으)니 만큼' 으로 바꾸어 사용할 수 있다.

예 가: 올해도 해외여행을 갈까요?

　　나: 이번에는 돈이 없느니 만큼 국내 여행을 가는 게 어때요?

2) 앞 내용이 과거일 경우 형용사에 '-았/었/였던 만큼'을 사용할 수 있다.

예 가: 축하해요.

　　나: 고마워요. 힘들었던 만큼 결과가 좋아서 다행이에요.

2.7. 동사/형용사 + -(으)ㄹ 만하다

[의미]

어떤 상황이나 일이 일어나기에 가능하거나 충분한 정도를 나타내고, 어떤 행동을 할 정도로 가치가 있음을 나타낸다.

[형태]

동사나 형용사 뒤에 '-(으)ㄹ 만하다'가 결합한 형태이다. 동사, 형용사의 어간이 받침으로 마치면 '-을 만하다'가 붙는다. 어간이 받침으로 안 마치거나 'ㄹ' 받침으로 마치면 '-ㄹ 만하다'가 붙는다.

명사는 받침의 제약 없이 모두 '-만하다'가 붙는다.

[사용]

(1) 어떤 상황이나 일이 일어나기에 가능하거나 충분한 정도를 나타내며 어떤 행동을 할 정도로 가치가 있음을 나타낸다.

예 가: 월미도가 어때요?

나: 구경할 만하니까 시간 날 때 한 번 가보세요.

가: 삼계탕이 먹을 만해요?

나: 네, 정말 먹을 만하니 꼭 드셔보세요.

(2) 명사와 결합하여 그 명사와 같은 정도를 나타내고 주로 과장해서 말할 때 사용한다.

예 가: 방이 손바닥만 해요.

나: 이 정도면 혼자 살기에는 좋은데요.

(3) 부정표현 '-만 못하다'는 정도에 미치지 못함을 나타낸다.

예 가: 이 신발은 작년에 산 것만 못하네.

나: 맞아. 작년에 산 신발이 발도 더 편하고 튼튼해.

가: 와, 이 영화 정말 재미있다.

나: 글쎄요. 저는 지난주에 본 영화만 못한 거 같아요.

[속담 및 관용구의 표현]

예 배가 남산만 하다.

너무 놀라서 눈이 등잔만 해졌다.

2.8. 동사 + -(으)ㄹ 지경이다

[의미]
어떤 상태나 형편이 극한 상황에 있음을 나타낸다.

[형태]
동사의 뒤에 '-(으)ㄹ 지경이다'가 결합한 형태이다. 동사의 어간이 받침으로 마치면 '-을 지경이다'가 붙는다. 어간이 받침으로 안 마치거나 'ㄹ' 받침으로 마치면 '-ㄹ 지경이다'가 붙는다.

[사용]
(1) 어떤 상태나 형편이 극한 상황에 있음을 나타낸다.

   예 가: 너무 피로해서 눈이 빠질 지경이에요.

        나: 좀 쉬는 게 좋겠어요.

[속담 및 관용구의 표현]

   예 익숙해져서 눈 감고도 따라할 지경이다.

        너무 화가 나서 눈에 보이는 게 없을 지경이다.

(3) '-(으)ㄹ 지경이다'는 부정적 상황을 나타낸다.

2.9. 동사/형용사 + (으)ㄹ 정도이다

[의미]
'그러할 만큼'의 의미로 정도를 나타낸다.

[형태]
　동사나 형용사의 뒤에 '-(으)ㄹ 정도이다'가 결합한 형태이다. 동사, 형
용사의 어간이 받침으로 마치면 '-을 정도이다'가 붙는다. 동사, 형용사의
어간이 받침으로 안 마치거나 'ㄹ' 받침으로 마치면 '-ㄹ 정도이다'가 붙는
다. 이때 받침 'ㄹ'은 탈락한다.

[사용]
　(1) '그러할 만큼'의 의미로 그 정도를 나타낸다.

　　　예 가: 정말 날씨가 덥네요.
　　　　　 나: 네, 가만히 있어도 땀이 날 정도예요.

　(2) '-(으)ㄹ 정도로'의 형태로 사용할 수 있다.

　　　예 배가 너무 고파서 배가 등에 붙을 정도예요.
　　　　 = 배가 등에 붙을 정도로 배가 너무 고파요.

　(3) '-(으)ㄹ 지경이다'와 '-(으)ㄹ 정도이다'는 '동사'의 경우 바꿔 쓸 수
　　　있다.

[속담 및 관용구의 표현]

> 예 가수 뺨칠 정도로 노래를 잘한다.
> 노래는 둘째가라면 서러울 정도이다.

2.10. 하도 + 동사/형용사 + -아/어/여서

[의미]

원인, 이유를 나타내는 ' -아/어/여서'의 앞에 '하도'가 붙어 정도가 매우 심함을 나타내고, '하도'는 '아주 심하게, 너무나, 많이'의 의미를 나타낸다.

[형태]

'하도' 뒤에 동사나 형용사가 오고, 그 뒤에 '-아/어/여서'가 결합한 형태이다. 어간이 모음 '아, 오'로 마치면 '하도 - 아여서', '아, 오로 안 마치면 '하도 - 어여서', '하'로 마치면 '하도 – 여서'가 붙는다.

[사용]

원인, 이유를 나타내는 '-아/어/여서'의 앞에 '하도'가 붙어 정도가 심함을 나타낸다.

> 예 가: 어제 공연은 어땠어요?
> 나: 사람들이 하도 많아서 앉을 자리가 없었어요.

[제약]

하도 + '-아/어/여서'의 뒤 문장에는 '-(으)ㅂ시다, -(으)ㅂ시오,

-(으)ㄹ까요?'의 명령형이나 청유형으로 사용할 수 없다.

> 📖 예 우리 하도 심심해서 영화관에 갈까요? (X)
>
> 밖이 하도 시끄러워서 안으로 들어가십시오.(X)

3 추측

목록	등급
-아/어/여서 그런지	초급
-(으)ㄴ/는/(으)ㄹ 것 같다	초급
-(으)ㄴ/는/(으)ㄹ 모양이다	초급
-(으)ㄴ/는/(으)ㄹ 듯하다	초급
-(으)ㄴ/는가 보다	초급
-(으)ㄹ지도 모르다	초급

3.1. 동사/형용사 + -아/어/여서 그런지

[의미]

앞 문장의 동작이나 상태가 뒤 문장의 명확하지 않은 원인이나 이유임을 추측하여 나타낼 때 사용한다.

[형태]

동사나 형용사 뒤에 '-아/어/여서 그런지'가 결합한 형태이다. 동사나 형용사가 모음 '아, 오'로 마치면 '-아서 그런지', '아, 오'로 안 마치면 '-어서 그런지', '하'로 마치면 '-여서 그런지'가 붙는다.

명사는 받침으로 마치면 '-이어서 그런지', 받침으로 안 마치면 '-여서 그런지'가 붙는다.

[사용]

(1) 앞 문장의 동작이나 상태가 뒷문장의 명확하지 않은 원인이나 이유임을 추측하여 나타내는 경우

　　예 가: 무슨 일 있어요? 기분이 좋아 보여요.
　　　　나: 날씨가 좋아서 그런지 제 기분도 좋네요.

　　　　가: 아이스크림을 빨리 먹어서 그런지 머리가 띵해요.
　　　　나: 천천히 먹어야지요.

　　　　가: 오늘 극장에 사람들이 많네요.
　　　　나: 주말이어서 그런지 진짜 영화를 보는 사람들이 많군요.

(2) '-아/어/여서 그런지'는 '-아/어/여서인지'와 바꾸어 사용할 수 있다.

　　예 감기에 걸려서 그런지 머리도 아프고 목도 아파요.
　　　= 감기에 걸려서인지 머리도 아프고 목도 아파요.

[제약]

(1) 이미 발생한 상황이나 상태에 대한 이유나 원인을 추측하기 때문에 미래형은 사용하지 않는다.

(2) 불규칙의 경우 'ㄷ, ㅂ, ㅅ, ㅎ'의 변화에 주의한다.

예 듣다 → 들어서 그런지

덥다 → 더워서 그런지

돕다 → 도와서 그런지

짓다 → 지어서 그런지

그렇다 → 그래서 그런지

3.2. -(으)ㄴ/는/(으)ㄹ 것 같다

[의미]

여러 상황을 근거로 현재의 상황이나 일이 일어 일어날 것이라고 추측함을 나타낸다.

[형태]

동사나 형용사의 뒤에 '-(으)ㄴ/는/(으)ㄹ 것 같다'가 결합한 형태이다. 동사는 어간이 받침으로 마치면 과거, 현재, 미래 순으로 '-은 것 같다, -는 것 같다, -을 것 같다'가 붙는다. 어간이 받침으로 안 마치거나 'ㄹ' 받침으로 마치면 과거, 현재, 미래 순으로 '-ㄴ 것 같다, -는 것 같다, -ㄹ 것 같다'가 붙는다. 이때 받침 'ㄹ'은 탈락한다.

형용사는 현재와 미래 순으로 어간이 받침으로 마치면 '-은 것 같다, -을 것 같다', 역시 현재와 미래 순으로 받침으로 안 마치거나 'ㄹ 받침'으로 마치면 받침 'ㄹ'이 탈락하고 '-ㄴ 것 같다, -ㄹ 것 같다'가 붙는다.

[사용]

여러 상황을 근거로 현재의 상황이나 일어날 일의 추측을 나타낸다.

예》 가: 부장님은 어디에 계세요?

나: 벌써 퇴근한 것 같아요.

가: 전화를 안 받아요?

나: 네, 집에 아무도 없는 것 같아요.

가: 영수 씨가 요즘 모임에 왜 안 나오지요?

나: 영수 씨는 요즘 바쁜 것 같습니다.

가: 오후에 비가 올 것 같으니까 우산을 가지고 나가렴.

나: 네, 엄마. 다녀오겠습니다.

[제약]

(1) '있다, 없다'는 ' - 는 것 같다'와 결합한다.

(2) 주어가 1인칭인 경우 현재 진행하고 있는 행위에 사용할 수 없다. 현재 진행하는 행위가 아닌 경우는 사용 가능하다.

예》 저는 지금 산책을 하고 있을 것 같아요.(X)

저는 내일 산책을 하고 있을 것 같아요.(O)

3.3. -(으)ㄴ/는/(으)ㄹ 모양이다

[의미]

여러 상황을 근거로 간접적으로 현재의 상황이나 일이 일어날 것이라고 추측함을 나타낸다.

[형태]

동사나 형용사 뒤에 '-(으)ㄴ/는/(으)ㄹ 모양이다'가 결합한 형태이다. 동사는 어간이 받침으로 마치면 과거, 현재, 미래 순으로 '-은 모양이다, -는 모양이다, -을 모양이다'가 붙는다. 어간이 받침으로 안 마치거나 'ㄹ' 받침으로 마치면 과거, 현재, 미래 순으로 '-ㄴ 모양이다, -는 모양이다, -ㄹ 모양이다'가 붙는다. 이때 받침 'ㄹ'은 탈락한다.

형용사는 현재형만 있다. 어간이 받침으로 마치면 '-은 모양이다', 받침으로 안 마치거나 'ㄹ 받침'으로 마치면 받침 'ㄹ'이 탈락하고 '-ㄴ 모양이다'가 붙는다.

[사용]

여러 상황을 근거로 간접적으로 현재의 상황이나 일어날 일의 추측을 나타낸다.

> 예 가: 왜 이렇게 바람이 심하게 불지요?
> 나: 그러게요. 아마 비가 올 모양이에요.
>
> 가: 아이들이 조용하네요.
> 나: 오늘은 피곤한 모양이에요.

[제약]

(1) '있다, 없다'는 '-는 모양이다'와 결합한다.

> 예 음식이 맛있는 모양이에요.

(2) 주어가 1인칭인 경우 진행하고 있는 행위에 사용할 수 없다.

> 예 우리는 지금 서울에 가는 모양이다.(X)

(3) 직접 경험에서 오는 짐작이나 추측에 사용할 수 없다.

3.4. -(으)ㄴ/는/(으)ㄹ 듯하다

[의미]
앞말의 내용을 짐작하거나 추측함을 나타낸다.

[형태]
동사나 형용사 뒤에 '-(으)ㄴ/는/(으)ㄹ 듯하다'가 결합한 형태이다. 동사는 어간이 받침으로 마치면 과거, 현재, 미래 순으로 '-은 듯하다, -는 듯하다, -을 듯하다'가 붙는다. 어간이 받침으로 안 마치거나 'ㄹ' 받침으로 마치면 과거, 현재, 미래 순으로 '-ㄴ 듯하다, -는 듯하다, -ㄹ 듯하다'가 붙는다. 이때 받침 'ㄹ'은 탈락한다.

형용사는 현재, 미래 순으로 어간이 받침으로 마치면 '-은 듯하다', '-을 듯하다', 받침으로 안 마치거나 'ㄹ' 받침으로 마치면 받침 'ㄹ'이 탈락하고 '-ㄴ 듯하다, ㄹ 듯하다'가 붙는다.

명사는 받침으로 마치면 '-인 듯하다', 받침으로 안 마치면 '-ㄴ 듯하다, -인 듯하다'가 붙는다.

[사용]
(1) 앞말의 내용을 짐작하거나 추측함을 나타낸다.

> 예 가: 어머니께 말씀 드렸어요?
> 나: 어머니께서 편찮으신 듯해서 아무 말씀도 못 드렸어요.
>
> 가: 어느 식당이 맛있을까요?
> 나: 저 식당에 사람이 많네요. 저기가 좋을 듯해요.

(2) 말하는 이의 생각이나 느낌을 부드럽게 표현할 때도 사용된다.

　　예 요즘 이 옷이 유행인 듯해요.
　　　　사무실에 아무도 없는 듯합니다.

[제약]

(1) '있다, 없다'는 '-는 듯하다'와 결합한다.

(2) 주어가 1인칭인 경우 현재 진행하고 있는 행위에 사용할 수 없다.

　　예 저는 지금 운동을 하는 듯해요.(X)

　(3) 직접 경험에서 오는 짐작이나 추측에 사용할 수 있다.

[비교]

　추측을 나타내는 '-(으)ㄴ/는/(으)ㄹ 듯하다'와 '-(으)ㄴ/는/(으)ㄹ 모양이다'의 차이는 직접 경험한 사실일 경우 '-(으)ㄴ/는/(으)ㄹ 듯하다'는 사용할 수 있으나 '-(으)ㄴ/는/(으)ㄹ 모양이다'는 사용할 수 없다.

　　예 노랫소리를 들어 보니 목소리가 예쁜 듯해요.(O)
　　　　노랫소리를 들어 보니 목소리가 예쁜 모양이에요.(X)

3.5. -(으)ㄴ/는가 보다

[의미]

간접적인 경험이나 근거로 그런 것 같다고 추측함을 나타낸다.

[형태]

동사나 형용사 뒤에 '-(으)ㄴ/는가 보다'가 결합한 형태이다. 동사 어간 뒤에 과거는 '-았/었/였는가 보다', 현재는 '-는가 보다'가 붙는다.

형용사 어간이 받침으로 마치면 '-은가 보다', 받침으로 안 마치면 '-ㄴ가 보다'가 붙는다. 동사와 형용사 어간이 'ㄹ' 받침이면 'ㄹ'이 탈락한다.

명사는 받침으로 마치면 '-인가 보다' 받침으로 안 마치면 'ㄴ가 보다, -인가 보다'가 붙는다.

[사용]

간접적인 경험이나 단서로 그런 것 같다고 추측함을 나타낸다.

> 예 가: 철수가 안 보이네요?
> 나: 수업이 끝나자마자 집에 갔는가 봐요.
>
> 가: 교실에서 음악 소리가 들려요.
> 나: 누가 있나 봐요.
>
> 가: 사람들 얘기를 들으니까 영미는 어렸을 때 예뻤는가 봐요.
> 나: 네. 아주 귀엽고 예뻤어요.

[제약]

(1) '있다, 없다'는 '-는가 보다'와 결합한다.
(2) 주어가 1인칭인 경우 현재 진행하고 있는 행위에 사용할 수 없다.

> 예 나는 지금 책을 읽는가 보다.(X)

3.6. -(으)ㄹ지도 모르다

[의미]

어떤 어떤 가능성이 있는 상황을 추측하지만 그 상황에 대해 확신이 없을 때를 나타낸다.

[형태]

동사나 형용사 뒤에 '-(으)ㄹ지도 모르다'가 결합한 형태이다. 동사, 형용사의 어간이 받침으로 마치면 '-을지도 모르다'가 붙는다. 어간이 받침으로 안 마치면 '-ㄹ지도 모르다'가 붙는다.

명사는 받침으로 마치면 '-일지도 모르다', 받침으로 안 마치면 '-ㄹ지도 모르다, -일지도 모르다'가 붙는다.

[사용]

(1) 어떤 가능성이 있는 상황을 추측하지만 그 상황에 대해 확신이 없을 때를 나타낸다.

> **예** 가: 비가 올지도 모르니까 우산을 가져가세요.
>
> 나: 이렇게 날씨가 좋은데요?

(2) 이미 끝난 완료 상태의 추측일 경우는 '-았/었/였을지도 모르다'로 나타낸다.

> **예** 가: 시간이 너무 늦어서 식당이 문을 닫았을지도 모르겠어요.
>
> 나: 그럼 전화를 해 봅시다.

(3) 부정의 경우 '안/못+ -(으)ㄹ지도 모르다'로 나타낸다.

> **예** 가: 옷 색깔이 참 예쁘네요.
>
> 나: 어머니의 생신 선물인데 어머니께서 마음에 안 들어하실지도 모르겠어요.

[제약]

(1) 추측을 나타내는 표현은 종결형의 제약을 지니고 있다. 청유형이나 명령형으로 마칠 수 없다.

(2) 주어가 1인칭일 경우 현재 진행하고 있는 행위에 사용할 수 없다.

(3) 현재 진행하고 있는 행위일 지라도 새로운 사실이나 깨달음에는 1인칭 주어의 사용이 가능하다.

4 순서

목록	등급
-다가	초급
-는 대로	중급
-자마자	중급
-고 나서	중급

4.1. 동사/형용사 + -다가

[의미]

시간에 따라 상황이 바뀌거나 앞의 행위나 상황이 끝나지 않은 상태에서 다른 행위나 상황으로 전환됨을 나타낸다.

[형태]

동사나 형용사 뒤에 '-다가'가 결합한 형태이다. 어간 받침의 제약이 없이 모두 '-다가'가 붙는다.

[사용]

(1) 시간에 따라 상황이 바뀜을 나타낸다.

> 예 가: 집이 정말 좋네요.
> 나: 이 집은 부모님이 사시다가 제게 물려 주셨어요.
>
> 가: 인천은 지금 날씨가 어때요?
> 나: 바람이 불다가 비가 내리고 있어요.

(2) 앞의 행위나 상황이 중단되고 다른 행위나 상황으로 전환됨을 나타낸다.

> 예 가: 어제 시험공부를 많이 했어요?
> 나: 아니요, 시험공부를 하다가 그냥 자 버렸어요.
>
> 가: 왜 이렇게 늦었어요?
> 나: 여기로 오다가 서점 앞에서 친구를 만나서 얘기를 좀 했어요.

(3) 앞의 행위나 상황을 진행하는 중에 다른 행위가 우연히 발생함을 나타낸다. 긍정적 부정적 상황에 모두 쓸 수 있다.

> 예 가: 학교에 가다가 선생님을 우연히 만났어요.
> 나: 무척 반가웠겠어요.
>
> 가: 자전거를 타다가 넘어져서 다리를 다쳤어요.
> 나: 얼마나 다쳤어요?

(4) '-다가'는 '-다'로 줄여 쓸 수 있다.

> 예 바람이 불다 비가 내리고 있어요.
> 음악을 듣다 문득 옛날 생각이 났어요.

(4) '-다가'를 반복적으로 써서 두 가지 사실이 번갈아 일어나는 상황을 나타내기도 한다.

> 예¹ 어제 너무 더워서 잠을 자다가 깨다가 했어.
> 책이 너무 재미있어서 울다가 웃다가 했지 뭐야.

[제약]

앞뒤 문장의 주어가 일치해야 한다.

> 예¹ 나는 길을 가다가 넘어져서 다쳤다.(O)
> 나는 길을 가다가 제인 씨는 넘어져서 다쳤다.(X)

4.2. 동사 + -는 대로

[의미]

시간의 순서에 따라 어떤 행위가 일어나고 곧이어 다른 행위가 일어남을 나타낸다. 그 즉시의 의미이다.

[형태]

동사 뒤에 '-는 대로'가 결합한 형태이다. 어간 받침의 제약이 없이 모두 '-는 대로'가 붙는다.

[사용]

(1) 시간의 순서에 따라 어떤 행위가 나타나는 바로 다음에 그 즉시를 나타낸다.

예 가: 우리 모임이 끝나는 대로 영화 볼래?

나: 그래, 다른 일이 없으니까 바로 영화 보자.

가: 로빈 씨, 고향에 도착하는 대로 전화하세요.

나: 알겠어요. 도착하면 바로 전화 드릴게요.

(2) '-는 대로'가 시간의 순서를 나타내는 경우, 뒤의 문장은 청유형, 명령형, 미래 시제 등과 주로 사용한다.

[제약]

(1) 불규칙의 경우 'ㄹ'의 변화에 주의한다.

예 만들다 → 만드는 대로

(2) '부정 + -는 대로'는 사용하지 않는다.

예 가: 도착하지 못하는 대로 전화 주세요.(X)

나: 먹지 않는 대로 가겠습니다.(X)

4.3. 동사 + -자마자

[의미]

어떤 행위가 끝나고 뒤의 행위가 일어남을 나타낸다. 이때 앞뒤 행위의 연관성이 적다.

[형태]

동사 뒤에 '-자마자'가 결합한 형태이다. 어간 받침의 제약이 없이 모두

'-자마자'가 붙는다.

[사용]

(1) 어떤 행위가 끝나고 뒤의 행위가 곧이어 일어남을 나타낸다.

> **예** 편지를 읽자마자 찢어 버렸다.
>
> 이메일을 보자마자 답장을 했다.

(2) '-자마자'는 '-자'로 바꿔 쓸 수 있다.

> **예** 편지를 읽자 찢어 버렸다.
>
> 이메일을 보자 답장을 했다.

[제약]

'-자마자' 뒤에는 명령형과 청유형이 올 수 있으나, '-자' 뒤에는 명령형이나 청유형은 올 수 없다.

> **예** 수업이 끝나자마자 영화관에 가자.(○)
>
> 수업이 끝나자 영화관에 가자.(X)

[비교]

(1) '-자마자'는 '-는 대로'와 바꿔 사용할 수 있다.

> **예** 가: 내일부터 휴가지요?
>
> 나: 네, 저는 회사 일을 마치자마자 공항으로 갈 거예요.
>
> = 네, 저는 회사 일을 마치는 대로 공항으로 갈 거예요.

(2) '-자마자'는 앞선 동작이 일어났을 때만을 가리키므로 뒤의 동작과의

연관이 적어서 앞뒤 상황이 우연적인 경우에 사용한다.

> 예 집에 오자마자 전화벨이 울렸어요.
>
> 외출하자마자 비가 왔어요.

(3) '-자마자'는 과거 사실에 더 많이 쓰이나 '-는 대로'는 모든 상황에서
쓰인다.

(4) '-는 대로'는 앞서 어떤 동작이 일어나고 그와 관련된 뒤의 동작이
이어서 곧 일어남을 나타낸다.

4.4. 동사 + -고 나서

[의미]

어떤 동작을 끝내고 다음 동작으로 이어짐을 나타낸다.

[형태]

동사 뒤에 '-고 나서'가 결합한 형태이다. 어간 받침의 제약이 없이 모두
'-고 나서'가 붙는다.

[사용]

(1) 어떤 동작을 끝내고 다음 동작으로 이어짐을 나타낸다.

> 예 가: 어제 뭐 했어요?
>
> 나: 청소를 하고 나서 외출했어요.
>
> 가: 이 책을 읽고 나서 요약해라.
>
> 나: 네. 알겠어요.

(2) '-고 나서'는 '-고'로 바꿔 쓸 수 있다.

　예》 저는 졸업을 하고 나서 유학을 갈 계획이에요.
　　= 저는 졸업을 하고 유학을 갈 계획이에요.

[비교]

(1) '-자마자'는 앞의 동작이 끝나고 연결 동작이 즉시 일어나야 하는 시간적 제약이 강하지만, '-고 나서'는 앞의 동작이 끝난 다음 연결 동작과의 시간적 제약이 약하다.

　예》 ■시간적 제약이 강한 경우
　　버스를 타자마자 버스카드를 찍어야 해요.
　　■시간적 제약이 약한 경우
　　버스를 타고 나서 휴대전화로 음악을 들었어요.

5　시간의 선후

목록	등급
-기 전에	초급
-(으)ㄴ 후에	초급

5.1. 동사 + -기 전에

[의미]

두 상황이 있을 때 먼저 하고 나중에 하는 동작의 순서를 나타낼 때 사용한다.

[형태]

동사 뒤에 '-기 전에'가 결합한 형태이다. 어간 받침의 제약이 없이 모두 '-기 전에'가 붙는다.

명사는 뒤에 '전에'가 붙는다.

[사용]

먼저 하고 나중에 하는 동작의 순서를 나타내는 표현이다.

> 가: 얘야, 자기 전에 이를 닦아라.
> 나: 네, 엄마.
>
> 가: 식사하기 전에 먼저 손을 씻으세요.
> 나: 그냥 먹으면 안 돼요?
>
> 가: 수업이 언제 시작됐어요?
> 나: 10분 전에 시작됐어요.

5.2. 동사 + -(으)ㄴ 후에

[의미]

두 상황이 있을 때 나중에 일어나는 사건이나 동작의 순서를 나타낼 때 사용한다.

[형태]

동사는 뒤에 '-(으)ㄴ 후에'가 결합한 형태이다. 동사의 어간이 받침으로 마치면 '-은 후에', 받침으로 안 마치거나 'ㄹ' 받침으로 마치면 'ㄹ'이 탈락하고 'ㄴ 후에'가 붙는다. 그리고 명사는 뒤에 '후에'가 붙는다.

[사용]

(1) 나중에 일어나는 사건이나 동작의 순서를 나타내는 표현이다.

> 예 가: 저녁을 먹은 후에 무엇을 해요?
> 나: 저녁을 먹은 후에 공원에서 산책을 할 거예요.

(2) '-(으)ㄴ 다음에'와 바꿔 쓸 수 있다.

> 예 가: 누가 먼저 한국에 왔어요?
> 나: 제가 한국에 온 후에 동생도 한국에 왔어요.
> = 제가 한국에 온 다음에 동생도 한국에 왔어요.

[제약]

'-(으)ㄴ 후에'와 '-(으)ㄴ 다음에'는 바꿔 쓸 수 있으나 '명사 + 후에'와 '명사 + 다음에'는 바꿔 쓸 수 없으며, '명사 + 뒤에'와는 바꿔 쓸 수 있다.

> 예 우리 10분 후에 여기에서 만나요.(O)
> 우리 10분 다음에 여기에서 만나요.(X)

6 시간의 지속

목록	등급
-는 동안에	초급
-(으)ㄴ 지	초급

6.1. 동사 + -는 동안에

[의미]

상황이나 동작의 기간 또는 범위 내에 발생하는 일을 나타낸다.

[형태]

동사의 뒤에 '-는 동안에'가 결합한 형태이다. 어간 받침의 제약이 없고 모두 '-는 동안에'가 붙는다. '-에'는 생략 가능하다.

명사는 받침의 제약 없이 모두 '-동안'이 붙는다.

[사용]

상황이나 동작의 기간 또는 범위 내에 발생하는 일을 나타낸다.

> **예** 가: 손님, 기다리시는 동안에 커피 한 잔 하실래요?
> 나: 감사합니다.
>
> 가: 운전하는 동안에는 휴대전화를 사용하면 안 돼요.
> 나: 하지만 전화가 자꾸 오는데요.

가: 이번 방학에 뭐 할 거예요?

나: 저는 방학 동안 고향에 다녀오려고 해요.

[제약]

(1) '있다, 없다'는 동사와 같이 '-는 동안에'로 사용한다.

　예 가: 한국에 있는 동안 뭐 하고 싶어요?

　　　나: 제주도에 여행을 가고 싶어요.

(2) '명사 + 동안에'로 사용 가능한 명사는 시간을 나타내는 어휘와 더불어 '방학, 휴가, 수업' 등 기간이나 범위가 있는 시간의 속성을 포함한다.

6.2. 동사 + -(으)ㄴ 지

[의미]

어떤 동작이 끝난 다음 시간의 흐름을 나타낸다.

[형태]

동사의 뒤에 '-(으)ㄴ 지'가 결합한 형태이다. 동사의 어간이 받침으로 마치면 '-은 지'가 붙는다. 어간이 받침으로 안 마치거나 'ㄹ' 받침으로 마치면 '-ㄴ 지'가 붙는다. 이때 받침 'ㄹ' 은 탈락하고 'ㄴ지'가 붙는다.

[사용]

(1) 어떤 동작이 끝난 다음에 그 동작의 지속 기간을 나타낸다.

　예 가: 아직도 담배를 피우세요?

나: 네, 담배를 피운 지 5년이나 돼서 끊기가 어려워요.

가: 취직한 지 얼마나 됐어요?

나: 벌써 10년이 흘렀네요.

(2) '-(으)ㄴ 지가'를 쓰기도 한다.

예: 가: 한국에 언제 왔어요?

나: 한국에 온 지가 벌써 4년이 지났네요.

(3) '-(으)ㄴ 지'는 '-이/가 되다, 지나다, 넘다, 흐르다' 등과 함께 쓴다.

7 동시

목록	등급
-(으)면서	초급

7.1. 동사/형용사 + -(으)면서

[의미]

앞의 내용과 뒤의 내용이 같은 사실이나 상태를 나타낸다. 또 서로 상반되는 관계가 있는 경우를 나타내기도 한다.

[형태]

동사나 형용사 뒤에 '-(으)면서'가 결합한 형태이다. 동사, 형용사의 어간이 받침으로 마치면 '-으면서'가 붙는다. 어간이 받침으로 안 마치거나 'ㄹ' 받침으로 마치면 받침 'ㄹ'이 탈락하고 '-면서'가 붙는다.

명사는 받침으로 마치면 '-이면서' 받침으로 마치지 않으면 '-면서, -이면서'가 붙는다.

[사용]

(1) 앞의 내용과 뒤의 내용이 같은 사실이나 상태를 나타낸다.

> 예 가: 지금 뭐 하고 있어요?
> 나: 텔레비전을 보면서 밥을 먹고 있어요.
>
> 가: 한식당에 자주 가네요.
> 나: 네, 맛있으면서 값도 싸요.

(2) 서로 상반되는 관계의 경우를 나타내기도 한다.

> 예 가: 그 소설책이 어때요?
> 나: 재미있으면서 무서워요.

(3) 강조할 때는 '-으면서도'를 사용한다.

> 예 가: 그분은 대단해요.
> 나: 맞아요. 낮에는 일을 하면서도 밤에는 학교에서 공부하잖아요.
>
> 가: 지금 사용하는 컴퓨터가 좋아요?
> 나: 값은 비싸면서도 성능은 나빠요. 비싸면 성능이 좋아야 하는데…….

[제약]

(1) 앞의 내용과 뒤의 내용이 같은 사실이나 상태를 나타내는 경우에 주어가 일치해야 한다. 이때 주어는 한 번만 사용한다.

　　예┊ 나는 운동을 하면서 음악을 들어요.(O)
　　　　나는 운동을 하면서 친구는 음악을 들어요.(X)

(2) 불규칙의 경우 'ㄷ, ㄹ, ㅂ, ㅅ, ㅎ'의 변화에 주의한다.

　　예┊ 듣다　　→　들으면서
　　　　만들다　→　만들면서
　　　　돕다　　→　도우면서
　　　　짓다　　→　지으면서
　　　　노랗다　→　노라면서

[비교]

'-(으)면서'는 '-(으)며'와 바꿔 쓸 수 있다. '-(으)면서'는 구어체에 '-(으)며'는 문어체 또는 강연 등에 주로 사용한다.

　　예┊ 노래를 부르면서 샤워를 해요.
　　　= 노래를 부르며 샤워를 해요.

8 목적

목록	등급
-으려고	초급
-으러 가다/오다/다니다	초급
-기 위해서	중급
-(으)ㄹ 겸 해서	중급

8.1. 동사 + -(으)려고

[의미]

어떤 일을 하려는 의도나 목적을 나타낸다.

[형태]

동사의 뒤에 '-(으)려고'가 결합한 형태이다. 동사의 어간이 받침으로 마치면 '-으려고'가 붙는다. 어간이 받침으로 안 마치거나 'ㄹ' 받침으로 마치면 '-려고'가 붙는다.

[사용]

(1) 어떤 일을 하려는 의도나 목적을 나타낸다.

예 가: 왜 한국어를 배워요?

나: 한국에서 취직하려고 한국어를 배워요.

(2) '동사 + -(으)려고요'의 형태로 쓸 수 있다.

가: 어서 오세요. 무엇을 도와 드릴까요?

나: 통장과 신용카드를 만들려고요.

[제약]

(1) 청유형과 명령형을 쓸 수 없다.

공부하려고 갈까요? (X)

공부하려고 가라. (X)

(2) 불규칙 'ㄷ, ㄹ, ㅂ, ㅅ' 변화에 주의한다.

걷다 → 걸으려고

살다 → 살려고

돕다 → 도우려고

짓다 → 지으려고

8.2. 동사 + -(으)러 가다/오다/다니다

[의미]

동사와 결합하여 이동하는 목적을 나타낸다.

[형태]

동사의 뒤에 '-(으)러 가다/오다/다니다'가 결합한 형태이다. 동사의 어간이 받침으로 마치면 '-으러 가다/오다/다니다'가 붙는다. 어간이 받침으로 안 마치거나 'ㄹ' 받침으로 마치면 '-러 가다/오다/다니다'가 붙는다.

[사용]

동사와 결합하여 이동하는 목적을 나타낸다.

例 가: 어디에 가니?

나: 등산을 하러 산에 가는 길이야.

가: 우리 집에 놀러 오세요.

나: 무슨 날이에요?

가: 요즘 뭐 하세요?

나: 요리를 배우러 요리 학원에 다녀요.

[제약]

불규칙 변화에 주의한다.

例 듣다 → 들으러 가다/오다/다니다

놀다 → 놀러 가다/오다/다니다

굽다 → 구우러 가다/오다/다니다

젓다 → 저으러 가다/오다/다니다

[비교]

(1) '-(으)려고'와 '-(으)러'의 결합

모두 의도나 목적을 나타내는 표현이다. 그러나 '-(으)러'는 뒤에 '가다, 오다, 다니다, 출발하다, 도착하다, 들어오다, 나가다, 다녀오다, 다녀가다' 등의 이동 동사와만 결합하는데 반해 '-(으)려고'는 뒤에 결합하는 동사의 제약이 없다.

(2) 청유형과 의문형의 결합

'-(으)려고'는 뒤에 청유형이나 의문형과 쓸 수 없으나 '-(으)러'는 뒤에 청유형과 의문형과 쓸 수 있다.

例 코로나19가 기승인데 놀러 나가지 말고 집에 있어라.

우리 공원에 산책하러 갈래요?

8.3 동사 + -기 위해서

[의미]

어떤 일을 이루기 위한 목적이나 어떤 것을 이롭게 하거나 도우려는 의도를 나타낸다.

[형태]

동사의 뒤에 '-기 위해서'가 결합한 형태이다. 어간 받침의 제약이 없이 모두 '-기 위해서'가 붙는다.

[사용]

(1) 어떤 일을 이루기 위한 목적이나 어떤 것을 이롭게 하거나 도우려는 의도를 나타낸다.

> 예) 그는 성공하기 위해 밤낮 없이 노력했다.
> 우리는 한국어능력시험에 합격하기 위해서 열심히 공부한다.
> 전쟁에서 많은 군인들이 나라를 지키기 위해서 목숨을 바쳤다.

(2) '동사 - 기 위해서'는 '명사 -을/를 위해서'로 바꿔 쓸 수 있다.

> 예) 우리는 한국어능력시험에 합격하기 위해서 열심히 노력하고 있다.
> = 우리는 한국어능력시험의 합격을 위해서 열심히 노력하고 있다.

(3) '동사 - 기 위해서'가 형용사와 결합하려면 형용사 뒤에 '- 아/어/여 지다'를 붙여서 동사로 만든 후 쓸 수 있다.

예) 나는 건강해지기 위해서 매일 과일과 채소를 먹는다.

[비교]

(1) '-기 위해서'는 '-(으)려고'와 바꿔 쓸 수 있다.

예) 저는 집을 사기 위해서 저금을 하고 있어요.

= 저는 집을 사려고 저금을 하고 있어요.

(2) '-(으)려고'는 단순한 의도나 목적을 나타내는 반면 '-기 위해서'
는 뒤의 동작에 대한 목적이 앞의 문장에 명시적으로 나타난다.

예) 저는 갈비탕을 먹으려고 해요.

저는 갈비탕을 먹기 위해서 식당에 가요.

8.4. 동사 + -(으)ㄹ 겸 해서

[의미]

앞뒤의 동작이 함께 이루어짐을 나타낸다.

[형태]

동사의 뒤에 '-(으)ㄹ 겸 해서'가 결합한 형태이다. 어간이 받침으로 마
치면 '-을 겸 해서'를, 받침으로 안 마치거나 'ㄹ' 받침으로 마치면 '-ㄹ 겸
해서'가 붙는다.

[사용]

(1) 앞뒤의 동작이 함께 이루어짐을 나타내고, '-(으)ㄹ 겸'과 '-(으)ㄹ 겸

해서'의 형태로 쓰인다. '해서'는 생략 가능하다.

> 예 가: 수요일에 뭐 했어요?
>
> 나: 책도 빌리고 잡지도 읽을 겸 도서관에 다녀왔어요.
>
> 가: 어디 가세요?
>
> 나: 네, 시장도 가고 은행도 갈 겸 해서 나왔어요.

(2) '-(으)ㄹ 겸 해서'와 함께 쓸 수 있는 표현으로 앞뒤의 동작을 함께 하는 목적을 지닌 '겸사겸사'가 있다.

> 예 가: 오랜만이에요.
>
> 나: 의논할 일도 있고 얼굴도 볼 겸 해서 겸사겸사 나왔어요.

9 | 당위

목록	등급
-아/어/여야 하다	초급
-기 쉽다	초급
-기 좋다	중급
-(으)ㄴ/는 법이다	중급
-기 마련이다	중급
-기 십상이다	고급

9.1. 동사/형용사 + -아/어/여야 하다

[의미]

어떤 일을 하거나 어떤 상태에 이르기 위해 꼭 필요한 조건이나 상황을
나타낸다.

[형태]

동사나 형용사 뒤에 '-아/어/여야 하다'가 결합한 형태이다. 동사나 형용
사의 어간이 모음 '아, 오'로 마치면 '-아야 하다'를 '아, 오'로 안 마치면
'-어야 하다'가 붙는다. '하'로 마치면 '-여야 하다'가 붙는다.

[사용]

(1) 어떤 일을 하거나 어떤 상태에 이르기 위해 꼭 필요한 조건이나
   상황을 나타낸다.

   > 예 가: 이번 휴가는 몽골로 가려고 해요.
   > 나: 외국으로 여행을 가려면 꼭 여권이 있어야 해요.
   >
   > 가: 날이 너무 건조하네요. 농사가 잘 되려면 비가 와야 하는데…….
   > 나: 그러게요. 걱정이에요.

(2) 일반적으로 '-하여야'는 '-해야'로 줄여서 쓰며, '-하여야 하다'는 '-하여
야 되다'와 바꿔 쓸 수 있다.

   > 예 환경을 보호하기 위해 반드시 분리배출을 하여야(해야) 하는 거 알지?
   > = 환경을 보호하기 위해 반드시 분리배출을 하여야(해야) 되는 거 알지?

9.2. 동사 + -기 쉽다

[의미]

어떤 일을 하기 쉽다거나 그럴 가능성이 많다는 의미를 나타낸다.

[형태]

동사의 뒤에 '-기 쉽다'가 결합한 형태이다. 어간 받침의 제약이 없이 모두 '-기 쉽다'가 붙는다.

[사용]

(1) 어떤 일을 하기 쉬움을 나타낸다.

> 예 가: 한국어 공부가 어때요?
> 나: 재미있고 배우기 쉬워요.

(2) 그럴 가능성이 많음을 나타낸다.

> 예 가: 담배를 계속 피우다가는 건강을 해치기 쉬워요.
> 나: 담배를 끊도록 노력해 볼게요.

(3) '-기 쉽다'는 '-기가 쉽다'로 쓸 수 있다.

> 예 겨울에는 감기에 걸리기가 쉽다.

9.3. 동사 + -기 좋다

[의미]

어떤 일을 하기에 힘이 들지 않고 쉽다는 의미를 나타낸다.

[형태]

동사의 뒤에 '-기 좋다'가 결합한 형태이다. 어간 받침의 제약이 없이 모두 '-기 좋다'가 붙는다.

[사용]

(1) 어떤 일을 하기에 힘이 들지 않고 쉽다.

예 가: 김치가 너무 맵지 않아요?
나: 아니에요. 먹기 딱 좋아요.

(2) '-기 좋다'는 '편하다, 편리하다' 등의 어휘와 함께 쓸 수 있다.

예 가: 한국에서 버스를 이용하기가 어때요?
나: 전광판이 있어서 도착 시간을 알 수 있으니까 이용하기 편해요.

(3) '-기 좋다'는 '-기가 좋다'로 쓸 수 있다.

예 주변에 백화점이 가까워서 쇼핑하기가 좋아요.

9.4. 동사/형용사 + -(으)ㄴ/는 법이다

[의미]

앞의 내용을 가정하는 것으로 뒤의 내용이 당연함을 나타낸다.

[형태]

동사나 형용사 뒤에 '-(으)ㄴ/는 법이다'가 결합한 형태이다. 동사는 어간 받침의 제약이 없이 모두 '-는 법이다'가 붙는다.

형용사는 어간이 받침으로 마치면 '-은 법이다', 받침으로 안 마치거나 'ㄹ' 받침으로 마치면 받침 'ㄹ'이 탈락하고 '- ㄴ 법이다'가 붙는다.

[사용]

(1) 앞의 내용을 가정하는 것으로 뒤의 내용이 당연함을 나타낸다.

> 예 가: 남들보다 노력하지 않으면 뒤쳐지는 법이다.
> 나: 네, 아버지. 열심히 하겠습니다.
>
> 가: 몸이 아프면 부모님이 보고 싶은 법이에요.
> 나: 맞아요.

(2) 일반적으로 '-(으)면 -(으)ㄴ/는 법이다'의 형태로 쓴다.

[속담 및 관용구의 표현]

> 예 빈 수레가 요란한 법이다.
> 물은 위에서 아래로 흐르는 법이다.
> 욕심이 화를 부르는 법이다.
> 모든 일에는 때가 있는 법이다.
> 서두르면 실수하는 법이다.

9.5. 동사/형용사 + -기 마련이다

[의미]

그런 상황이 되는 것이 당연함을 나타낸다.

[형태]

동사나 형용사의 뒤에 '‑기 마련이다'가 결합한 형태이다. 어간 받침의 제약이 없이 모두 '-기 마련이다'가 붙는다.

[사용]

(1) 그런 상황이 되는 것이 당연함을 나타낸다.

> **예** 가: 알레르기 때문에 피부가 가려워요.
> 나: 봄이 되면 꽃가루 때문에 알레르기가 심해지기 마련이에요.
>
> 가: 할머니께서 돌아가셔서 마음이 너무 허전해요.
> 나: 시간이 지나면 잊기 마련이니까 마음 추스르세요.

(2) '-게 마련이다'로 바꿔 쓸 수 있다.

> **예** 평소에 많이 먹으면 살이 찌게 마련이지요.
> 사람은 누구나 죽게 마련이다.

[속담 및 관용구의 표현]

> **예** 주머니에 돈이 있으면 쓰기 마련이다.
> 팔은 안으로 굽기 마련이다.

[비교]

(1) '-는 법이다'가 당연한 사실을 나타내는 경우는 '-기 마련이다', '-게 마련이다'와 바꿔 쓸 수 있다.

> **예** 물은 높은 곳에서 낮은 곳으로 흐르는 법이다.
> = 물은 높은 곳에서 낮은 곳으로 흐르기 마련이다.
> = 물은 높은 곳에서 낮은 곳으로 흐르게 마련이다.

(2) '-는 법이다'가 당위적 사실이 아닌 경우는 '-기 마련이다', '-게 마련이다'와 바꿔 쓸 수 없다.

> 예 학생들은 열심히 공부하는 법이다.
>
> = 학생들은 열심히 공부하기 마련이다.(X)
>
> = 학생들은 열심히 공부하게 마련이다.(X)

9.6. -기 십상이다

[의미]

부정적인 상황에서 그렇게 되기 쉽거나 그럴 가능성이 많은 의미를 나타낸다.

[형태]

동사나 형용사의 뒤에 '-기 십상이다'가 결합한 형태이다. 어간 받침의 제약이 없이 모두 '-기 십상이다'가 붙는다.

[사용]

(1) 그렇게 되기 쉽거나 그럴 가능성이 많다는 의미를 나타낸다.

> 예 가: 휴대전화만 보고 걷다가는 다른 사람과 부딪히기 십상이니 조심하세요.
>
> 나: 고마워요. 조심할게요.
>
> 가: 나이가 들수록 운동을 안 하면 건강을 해치기 십상이에요.
>
> 나: 맞아요. 꾸준히 운동하는 게 필요하지요.

(2) '-기 십상이다'는 '-기 쉽다'와 바꿔 쓸 수 있다.

예 어두운 곳에서 TV를 보다가는 눈이 나빠지기 십상이다.
= 어두운 곳에서 TV를 보다가는 눈이 나빠지기 쉽다.

[비교]

(1) '-기 쉽다'는 긍정적, 부정적 가능성을 모두 아우르는 의미이고 '-기 십상이다'는 부정적 가능성을 나타낸다.

(2) '-아/어/여야 하다, -기 쉽다, -기 좋다, -(으)ㄴ/는 법이다, -기 마련이다, -기 십상이다'와 같이 당위성을 나타내는 표현은 당연히 그러하게 될 가능성이 있기 때문에 마땅히 되어야 하는 자연스러운 상황에서 쓸 수 있다.

10 한정

목록	등급
-에서/부터 -까지	초급
-(으)ㄹ 수밖에 없다	초급
-(으)ㄹ 뿐이다	중급
-기만 하면 되다	중급
-(으)ㄹ래야 -(으)ㄹ 수가 없다	중급

10.1. 명사 + -에서/부터 명사 + -까지

[의미]
어떤 장소나 시간의 출발점이나 도착점을 나타낸다.

[형태]
　명사의 뒤에 '-에서/부터 -까지'가 결합한 형태이다. 어간 받침의 제약
이 없이 모두 '-에서/부터 -까지'가 붙는다.
　장소를 나타내는 명사는 '-에서 -까지' 시간을 나타내는 명사는 '-부
터 -까지'가 붙는다.

[사용]
(1) '-에서 -까지'의 형태로, 어떤 장소의 출발점과 도착점을 나타낸다.

　　예　가: 집에서 병원까지 얼마나 걸려요?
　　　　나: 집에서 병원까지 버스로 10분 정도 걸려요.

(2) '-부터 -까지' 의 형태로, 출발시(時)와 도착시(時)를 나타낸다.

　　예　가: 몇 시부터 몇 시까지 한국어 수업이 있어요?
　　　　나: 1시부터 5시까지 수업이 있어요.

(3) '-에서 -까지'와 '-부터 -까지'의 형태에서 앞과 뒤 일부 명사를
　　생략한 표현을 쓸 수 있다.

　　예　가: 어디에서 출발해요?
　　　　나; 인천에서 출발해요.

　　　　가: 어디까지 가세요?

나: 부산까지 가요.

가: 몇 시부터 드라마를 시작해요?

나: 1시부터 시작해요.

가: 보고서는 내일까지 꼭 제출하세요.

나: 네. 알겠습니다.

10.2. 동사/형용사 + -(으)ㄹ 수밖에 없다

[의미]

다른 방법이나 가능성이 없음을 나타낸다.

[형태]

동사나 형용사 뒤에 '-(으)ㄹ 수밖에 없다'가 결합한 형태이다. 동사, 형용사의 어간이 받침으로 마치면 '-을 수밖에 없다'가 붙는다. 어간이 받침으로 안 마치거나 'ㄹ' 받침으로 마치면 받침 'ㄹ'이 탈락하고 '-ㄹ 수밖에 없다'가 붙는다.

[사용]

다른 방법이나 가능성이 없음을 나타낸다.

예 가: 일요일인데 왜 출근해요?

나: 급한 일이 생겨서 출근할 수밖에 없어요.

가: 비가 와서 체육대회를 취소할 수밖에 없었어요.

나: 아쉽네요.

10.3. 동사/형용사 + -(으)ㄹ 뿐이다

[의미]

앞의 상황 이외에 다른 가능성은 없음을 나타낸다.

[형태]

동사나 형용사 뒤에 '-(으)ㄹ 뿐이다'가 결합한 형태이다. 동사, 형용사의 어간이 받침으로 마치면 '-을 뿐이다'가 붙는다. 어간이 받침으로 안 마치거나 'ㄹ' 받침으로 마치면 받침 'ㄹ'이 탈락하고 '-ㄹ 뿐이다'가 붙는다.

[사용]

(1) 앞의 상황 이외에 다른 가능성은 없음을 나타낸다.

　예　가: 나는 너만 믿을 뿐이야.

　　　나: 날 너무 믿지 마.

　　　가: 왜 쳐다봐요?

　　　나: 저는 그냥 창밖을 봤을 뿐인데요.

(2) 명사/대명사/수사 뒤에 ' - 뿐이다'의 형태로도 그것만 있고 다른 것은 없음을 나타낼 때 쓸 수 있다.

　예　가: 제가 사랑하는 사람은 당신뿐입니다.

　　　나: 저도 당신뿐이에요.

　　　가: 가진 것이 이것뿐이네요.

　　　나: 그거라도 좋습니다.

10.4. 동사/형용사 +-기만 하면 되다

[의미]

단지 어떤 행동이나 상태가 충족되는 것에 국한됨을 나타낸다.

[형태]

동사나 형용사 뒤에 '-기만 하면 되다'가 결합한 형태이다. 받침의 제약
이 없이 모두 '-기만 하면 되다'가 붙는다.

[사용]

단지 어떤 행동이나 상태가 충족되는 것에 국한됨을 나타낸다.

예 가: 리포트 다 썼어요?
나: 네. 이제 제출하기만 하면 돼요.

가: 어떤 사람과 사귀고 싶어요?
나: 제 여자 친구는 예쁘기만 하면 돼요.

가: 외출 준비 다 했어요?
나: 네, 이제 모자를 쓰기만 하면 돼요.

10.5. 동사 + -(으)ㄹ래야 동사 + -(으)ㄹ 수가 없다

[의미]

어떤 의도를 가지고 행위를 하려고 해도 그렇게 할 수 없음을 나타낸다.

[형태]

동사의 뒤에 '-(으)ㄹ래야 -(으)ㄹ 수가 없다'가 결합한 형태이다. 동사의

어간이 받침으로 마치면 '-을래야 – 을 수가 없다'가 붙는다. 어간이 받침으로 안 마치거나 'ㄹ' 받침으로 마치면 받침 'ㄹ'이 탈락하고 '-ㄹ래야 – ㄹ 수가 없다'가 붙는다.

[사용]

(1) 어떤 의도를 가지고 행위를 하려고 해도 그렇게 할 수 없음을 나타낸다.

> 예 가: 왜 떡볶이를 안 먹어요?
>
> 나: 떡볶이가 너무 매워서 먹을래야 먹을 수가 없어요.
>
> 가: 길이 너무 막혀서 빨리 갈래야 갈 수가 없어.
>
> 나: 알았어요. 조심히 오세요.

(2) '-(으)ㄹ래야 -(으)ㄹ 수가 없다'의 형태에서 '-(으)ㄹ래야'를 생략한 형태로 사용할 수 있다.

> 예 가: 운동합시다.
>
> 나: 아침부터 머리가 아파서 운동을 할 수가 없어요.

[제약]

'-(으)ㄹ래야 -(으)ㄹ 수가 없다'의 형태는 앞뒤의 어휘가 동일해야 한다.

> 예 너무 바빠서 쉴래야 쉴 수가 없다.
>
> 코로나19 때문에 고향에 갈래야 갈 수가 없다.

11 더함

목록	등급
-와/과, -하고, -(이)랑	초급
-고요	초급
-마저	중급
-조차	중급
-(으)ㄹ 뿐만 아니라	중급
-(으)ㄴ/는 데다가	중급

11.1 명사 + -와/과, -하고, -(이)랑

[의미]

여러 사물이나 사람을 나열을 나타낸다.

[형태]

명사 뒤에 '-와/과, -하고, -(이)랑'이 결합한 형태이다. 명사의 어간이 받침으로 마치면 '-과, -이랑'이 붙는다. 어간이 받침이 아니면 '-와, -랑'이 붙으며, '-하고'는 명사 받침의 제약 없이 모두 붙는다.

[사용]

(1) '-와/과'는 문어체, 회화체에 모두 사용한다.

　　예　가: 책상 위에 무엇이 있나요?

　　　나: 책상 위에 책과 지우개와 공책이 있습니다.

　(2) '-(이)랑, -하고'는 주로 회화체에서 많이 사용한다.

　　　예　가: 이번 주말에 뭐 할 거예요?
　　　　　나: 동생이랑 엄마랑 부동산에 가 보려고요.

　　　　　가: 요즘 뭐 해요?
　　　　　나: 저는 화요일하고 수요일에 도서관에 갔다 왔어요.

[확장]

　'-와/과, -(이)랑 - 하고'는 동반을 의미하는 '같이'와 사용할 수 있다.
이때 '같이'는 '함께'와 바꿔 쓸 수 있다.

　　　예　저는 친구하고 같이 떡볶이를 먹었어요
　　　　　= 저는 친구와 함께 떡볶이를 먹었어요.

11.2 동사/형용사 + -고요

[의미]

　앞의 상황이나 행위만이 아니라 그에 더하여 뒤의 상황이나 행위도 있
음을 나타낸다.

[형태]

　동사나 형용사 뒤에 '-고요'가 결합한 형태이다. 동사, 형용사의 어간 이
모음 '-아, 오'로 마치면 과거, 현재, 미래 순으로 '-았고요, -고요, -(으)ㄹ
거고요'가 붙는다. 동사, 형용사의 어간이 모음 '-아, 오'로 안 마치면 과거,

현재, 미래 순으로 '-었고요, -고요, -(으)ㄹ 거고요'가 붙는다. 어간이 '-하'로 마치면 과거, 현재, 미래 순으로 '-였고요, -고요, -(으)ㄹ 거고요'가 붙는다.

　명사는 받침으로 마치면 과거, 현재, 미래 순으로 '-이었고요, -이고요, -일 거고요', 받침으로 안 마치면 '-였고요, -고요, -ㄹ 거고요, -일거고요'가 붙는다.

[사용]

　앞의 상황이나 행위만이 아니라 그에 더하여 뒤의 상황이나 행위도 있음을 나타낸다.

> 예 가: 한국의 여름 날씨가 어때요?
>
> 나: 비가 많이 내려요. 기온도 높고요.
>
> 가: 지난 주말에 뭐 했어요?
>
> 나: 저는 친구와 한강에 가서 산책을 했어요. 자전거도 탔고요.

[제약]

　'-고요'는 친구나 친한 사이 또는 아랫사람에게 사용하는 표현이며 '-고'로 사용할 수 있다.

11.3. 명사 + -마저

[의미]

하나 남은 마지막임을 나타낸다.

[형태]

명사의 뒤에 '-마저'가 결합한 형태이다. 받침의 제약이 없이 모두 '-마저'가 붙는다.

[사용]

(1) 하나 남은 마지막임을 나타내는 경우에 쓸 수 있다.

> **예** 가: 무슨 일이 있어요?
>
> 나: 시험이 어려웠는데 답지마저 밀려 써서 점수가 안 좋아요.

(2) '-마저'는 일반적으로 부정적 상황에 쓴다.

> **예** 나는 왼손마저 다쳤다.

[비교]

'-마저'는 '-까지'와 바꿔서 사용할 수 있다. 그러나 '-마저'는 부정적 상황에서 사용하고 '-까지'는 긍정적 상황과 부정적 상황 모두 사용 가능하다.

> **예** 가: 그 사람이 어때요?
>
> 나: 그 사람은 운동도 잘하고 성격도 좋고 피아노까지 잘 쳐요.
>
> 가: 날씨가 추운데 북극 한파까지 와서 더 춥네요.
>
> 나: 겨울에는 항상 건강을 조심해야 해요.

11.4. -조차

[의미]

일반적으로 가장 기본적인 상황까지 포함하여 예상하기 어려운 극단적인 경우까지 더해짐을 나타낸다.

[형태]

명사의 뒤에 '-조차'가 결합한 형태이다. 받침의 제약이 없이 모두 '-조차'가 붙는다.

[사용]

(1) 가장 기본적인 상황까지 포함하여 그 이상의 것이 더해진 경우를 나타낸다.

> **예** 가: 왜 그렇게 시무룩해요?
> 나: 가족조차 나를 믿지 못하니 답답해서요.

(2) 예상하기 어려운 극단적인 경우를 나타낸다.

> **예** 가: 사랑에 빠지니까 상대의 단점조차 사랑스럽게 느껴져요.
> 나: 정말 사랑의 힘은 위대하네요.

(3) '-조차'와 '-마저'는 바꿔 쓸 수 있다.

[비교]

'-마저'와 '-조차'는 모두 부정적 상황에서 사용한다. 하지만 부정적 상황의 긍정문에는 '-마저', 부정문에는 '-조차'가 조금 더 잘 어울린다.

> **예** 날씨가 많이 추운데 바람마저 부네요.
> 날씨가 많이 더운데 바람조차 안 부네요.

11.5. 동사/형용사 + -(으)ㄹ 뿐만 아니라

[의미]

앞의 상황만이 아니라 그것에 더하여 추가로 뒤의 상황도 있음을 나타낸다.

[형태]

동사나 형용사 뒤에 '-(으)ㄹ 뿐만 아니라'가 결합한 형태이다. 동사, 형용사의 어간이 받침으로 마치면 '-을 뿐만 아니라'가 붙는다. 어간이 받침으로 안 마치거나 'ㄹ' 받침으로 마치면 받침 '-ㄹ'이 탈락하고 '-ㄹ뿐만 아니라'가 붙는다.

명사는 받침으로 마치면 '-일 뿐만 아니라', 받침으로 안 마치면 '-ㄹ 뿐만 아니라, -일 뿐만 아니라'가 붙는다.

[사용]

(1) 앞의 상황만이 아니라 그것에 더하여 뒤의 상황도 있음을 나타낸다.

　예　가: 그 영화 봤어요? 어때요?

　　　나: 영화 내용이 재미있을 뿐만 아니라 유익한 정보도 많아요.

　　　가: 유학의 장점이 뭐예요?

　　　나: 그 나라의 언어를 배울 뿐만 아니라 친구도 사귈 수 있어서 좋아요.

(2) 더함의 의미이기 때문에 '-(으)ㄹ 뿐만 아니라' 뒤에는 '-도, -까지, -마저, -조차' 등을 함께 쓸 수 있다.

　예　동인천역 근처에는 한국 최초의 서양식 공원뿐만 아니라 차이나타운까지 있어서 구경하는 재미가 있다.

11.6. 동사/형용사 + -(으)ㄴ/는 데다가

[의미]
어떤 상황이나 상태에 대한 정도를 더하여 나타낸다.

[형태]
동사나 형용사 뒤에 '-(으)ㄴ/는 데다가'가 결합한 형태이다. 동사는 어간이 받침으로 마치면 과거, 현재 순으로 '-은 데다가, -는 데다가'가 붙는다. 'ㄹ' 받침으로 마치는 받침은 'ㄹ'이 탈락하고 과거, 현재 순으로 '-ㄴ 데다가, -는 데다가'가 붙는다.

형용사는 현재형만 있다. 어간이 받침으로 마치면 '-은 데다가', 받침으로 안 마치거나 'ㄹ' 받침으로 마치면 받침 'ㄹ'이 탈락하고 '-ㄴ 데다가'가 붙는다.

명사는 받침으로 마치면 과거, 현재 순으로 '-이었는 데다가, -인데다가', 받침으로 안 마치면 '-였는 데다가, -ㄴ 데다가, -인 데다가'가 붙는다.

[사용]
(1) 어떤 상황이나 상태에 대한 정도를 더하는 경우를 나타낸다.

예 가: 안색이 안 좋아 보여요.
　　나: 감기에 걸려서 기침을 하는 데다가 열도 많이 나거든요.

　　가: 인터넷으로 쇼핑을 많이 했네요.
　　나: 인터넷 쇼핑은 값도 싼 데다가 배송도 빨라서 자주 이용해요.

(2) '-(으)ㄴ/는 데다가'는 '-(으)ㄹ 뿐만 아니라'와 바꿔 쓸 수 있다.

> **예** 나는 술을 안 마시는 데다가 담배도 안 피운다.
> = 나는 술을 안 마실 뿐만 아니라 담배도 안 피운다.

[제약]

(1) '-(으)ㄴ/는 데다가'는 앞 문장과 뒤 문장의 주어가 같아야 한다.

> **예** 나는 아침에 요가를 하는 데다가 데이빗 씨는 조깅을 한다.(X)
> 나는 아침에 요가를 하는 데다가 (나는) 조깅도 한다.(O)

(2) 앞 문장과 뒤 문장은 서로 일관된 관계가 있어야 한다.

> **예** 그 식당은 음식이 맛있는 데다가 양도 조금이에요.(X)
> 그 식당은 음식이 맛있는 데다가 양도 푸짐해요.(O)

[비교]

'-(으)ㄹ 뿐만 아니라'는 앞의 문장이 기본이고 뒤의 문장은 추가로 더해지는 상황이다. 그러나 '-(으)ㄴ/는 데다가' 는 앞뒤 문장의 정도의 차이가 없이 더해진다.

> **예** 그곳은 풍광이 좋을 뿐만 아니라 인심도 좋아요.
> 그곳은 풍광이 좋은 데다가 인심도 좋아요.

12 상태·지속

목록	등급
-아/어/여 있다	초급
-아/어/여 놓다	중급
-답다	중급
-스럽다	중급
-(으)ㄴ/는 척하다	중급

12.1. 동사 + -아/어/여 있다.

[의미]

어떤 동작이 완료된 후 그 상태나 결과가 지속됨을 나타낸다.

[형태]

동사 뒤에 '-아/어/여 있다'가 결합한 형태이다. 동사의 어간이 모음 '아, 오'로 마치면 '-아 있다', '아, 오'가 아니면 '-어 있다', '하'로 마치면 '-여 있다'가 붙는다.

[사용]

(1) 동작이 완료된 후 그 상태나 결과가 지속되는 경우를 나타낸다.

예 가: 저렇게 하루 종일 누워 있네요.

나: 많이 아픈가 봐요.

가: 다음 주 일정이 어떻게 되지요?

나: 게시판에 붙어 있으니 보세요.

가: 물고기가 죽었네요. 어떻게 하지요?

나: 자세히 보세요. 움직이잖아요. 살아 있어요.

(2) 일부 동사 '앉다, 서다, 눕다, 남다, 붙다, 들다, 피다, 죽다, 살다, 입원하다' 등과 결합한다.

(3) 주어를 높일 때는 '-아/어/여 있다'가 아닌 '-아/어/여 계시다'를 사용한다.

예 가: 할아버지께서 병원에 입원해 계세요.

　　 나: 걱정이 많으시겠어요.

(4) 부정의 경우 '-아/어/여 없다'가 아닌 '안/못 + 동사 + -아/어/여 있다'를 사용한다.

예 가: 의자에 안 앉아 있고 어디에 가니?

　　 나: 엉덩이가 아파서 의자에 못 앉아 있겠어요.

12.2. 동사 + -아/어/여 놓다

[의미]

동작이 끝난 후 그 상태가 유지됨을 나타낸다.

[형태]

동사 뒤에 '- 아/어/여 놓다'가 결합한 형태이다. 동사의 어간이 모음 '아, 오'로 마치면 '-아 놓다', '아, 오'가 아니면 '-어 놓다', 그리고 '하'로 마치면 '-여 놓다'가 붙는다.

[사용]

(1) 동작이 끝난 후 그 상태가 유지됨을 나타낸다.

> 예 가: 환기를 시키게 문 좀 열어 놓으세요.
> 나: 네. 알겠어요.
>
> 가: 글쎄, 전등을 켜 놓고 외출했지 뭐니.
> 나: 나도 요즘 그래.

(2) '- 아/어/여 놓다'는 '- 아/어/여 두다'로 바꿔 쓸 수 있다.

> 예 가방 안에 휴대전화를 넣어 놓았다.
> = 가방 안에 휴대전화를 넣어 뒀다.

(3) '- 아/어/여 놓다'는 '-아/어/여 두다'와 함께 사용할 수 있다.

> 예 컴퓨터에 자료를 저장해 놓아 뒀다.

[제약]

(1) '- 아/어/여 놓다'를 '- 아/어/여 두다'와 함께 사용할 때 항상 '- 아/어/여 놓다'를 앞에 쓴다.

> 예 나는 늘 식탁 위에 빵을 놓아 둔다.

(2) - 아/어/여 놓다'를 '두다'와 함께 사용할 때는 구어체로 '놔 두다'

로 쓸 수 있다.

　＜예＞ 나는 늘 식탁 위에 빵을 놔 둔다.

(3) 일반적으로 동사 '쓰다, 적다, 펴다, 열다, 닫다, 놓다, 넣다, 켜다, 끄다, 먹다, 외우다, 기억하다, 하다' 등과 함께 쓸 수 있다.

12.3. 명사 + -답다

[의미]

일부 명사에 붙어 실제 느낌이나 성격도 명사와 같다.

[형태]

명사 받침의 제약 없이 모두 '-답다'가 붙는다.

[사용]

(1) 일부 명사에 붙어 실제 느낌이나 성격도 명사와 같다.

　＜예＞ 그 사람은 전문가답게 일처리가 확실하네요.(그 사람 = 전문가)
　　　　철수는 정말 남자답다. (철수 = 남자)

(2) 장소나 위치 뒤에도 쓸 수 있다.

　＜예＞ 경복궁은 한국의 대표적 고궁답게 건축양식이 훌륭하다.

[제약]

명사 '남자'와 '여자'의 경우 '남성'과 '여성'으로 바꿔서 쓸 수 없다.

예) 그의 행동이 남성답다.(X)

그의 행동이 남자답다.(O)

12.4. 명사 + -스럽다

[의미]

일부 명사에 붙어 그 명사가 갖는 의미 그대로는 아니지만 보기에 그럴 만하거나 그런 성질이나 느낌이 있음을 나타낸다.

[형태]

명사 받침의 제약 없이 모두 '-스럽다'가 붙는다.

[사용]

명사에 붙어 그 명사가 갖는 의미 그대로는 아니지만 보기에 그럴 만하거나 그런 성질이나 느낌이 있음을 나타낸다.

예) 아이가 어른스럽게 생각이 깊다.

그 남자는 성격이 여성스럽다.

어색해하지 말고 자연스럽게 행동하세요.

우리 아기는 머리부터 발끝까지 사랑스러워.

[제약]

(1) 장소나 위치 뒤에 쓸 수 없다.

예) 경복궁은 한국의 대표적 고궁스럽게 건축양식이 훌륭하다.

(2) 명사 '남성'과 '여성'의 경우 '남자'와 '여자'로 바꿔 쓸 수 없다.

　　📎예 그의 행동이 여자스럽다.(X)

　　　　그의 행동이 여성스럽다.(O)

12.5. 동사/형용사 + -(으)ㄴ/는 척하다

[의미]

어떤 상황에서 행위를 하지 않았는데도 그러한 행위를 한 것처럼 거짓으로 꾸밈을 나타낸다.

[형태]

동사의 뒤에 '-(으)ㄴ/는 척하다'가 결합한 형태이다. 동사는 어간이 받침으로 마치면 과거, 현재 순으로 '-은 척하다, -는 척하다'가 붙는다. 어간이 받침으로 안 마치거나 'ㄹ' 받침으로 마치면 과거, 현재 순으로 '-ㄴ 척하다, -는 척하다'가 붙는다. 이때 받침 'ㄹ'은 탈락한다.

형용사는 현재형만 있다. 어간이 받침으로 마치면 '-은 척하다, 받침으로 안 마치거나 'ㄹ 받침'으로 마치면 받침 'ㄹ'이 탈락하고 ' - ㄴ 척하다'가 붙는다.

명사는 받침으로 마치면 '-인 척하다' 받침으로 안 마치면 '-ㄴ 척하다, -인 척하다'가 붙는다.

[사용]

(1) 어떤 상황이나 상태를 거짓으로 꾸며 나타내는 표현이다.

　　📎예 가: 산에서 곰을 만나면 죽은 척하세요.

나: 왜요?

가: 곰은 죽은 사람을 안 잡아먹는대요.

(2) '-(으)ㄴ/는 척하다'는 '-(으)ㄴ/는 체하다'와 바꿔 쓸 수 있다.

> 예 사실은 아는데 모르는 척했어요.
> = 사실은 아는데 모르는 체했어요.

13 조건 · 가정

목록	등급
-(으)면	초급
-(으)려면	초급
-다면/ㄴ/는다면	중급
아무리 - 아/어/여도	중급
-거든	중급
-(으)ㄹ지라도	중급
-는 셈 치고	중급

13.1. 동사/형용사 + -(으)면

[의미]

조건이나 가정을 나타내고, 뒤 내용에 대한 근거가 됨을 나타낸다.

[형태]

동사나 형용사 뒤에 '-(으)면'이 결합한 형태이다. 동사, 형용사의 어간
이 받침으로 마치면 '-(으)면'이 붙는다. 어간이 받침으로 안 마치거나 'ㄹ'
받침으로 끝나면 마치면 '-면'이 붙는다.

명사는 받침으로 마치면 '-이면', 받침으로 안 마치면 '-면, 이면'이 붙는다.

[사용]

(1) 조건이나 가정을 나타낸다.

> 예 가: 무슨 사진을 찍고 있어요?
> 나: 다 찍으면 보여 줄게요.
>
> 가: 오늘은 아파서 출근을 못 하겠어요.
> 나: 많이 아프면 집에서 푹 쉬세요.

(2) 뒤 내용에 대한 근거가 된다.

> 예 아기가 웃는 걸 보면 기분이 좋아진다.
> 생각해 보면 그도 착한 사람이다.

13.2. 동사/형용사 + -(으)려면

[의미]

어떤 일을 할 의도가 있음을 전제하거나 앞으로 일어날 일을 가정함을
나타낸다.

[형태]

동사나 형용사 뒤에 '-(으)려면'이 결합한 형태이다. 동사, 형용사의 어

간이 받침으로 마치면 '-으려면'이 붙는다. 어간이 받침으로 안 마치거나
'ㄹ' 받침으로 끝나면 '-려면'이 붙는다.

[사용]

(1) 어떤 일을 할 의도가 있음을 가정함을 나타낸다.

> 예 가: 저녁을 같이 먹으려면 언제 갈까요?
> 나: 오후 7시쯤 와요.

(2) 앞으로 일어날 일의 가정함을 나타낸다.

> 예 가: 수업이 언제 끝나요?
> 나: 수업이 끝나려면 아직 10분이나 더 남았어요.
> 가: 나이가 30살이나 됐는데 여전히 부모님께 용돈을 받네요.
> 나: 하는 행동을 보니까 철이 들려면 아직 멀었어요.

13.3. 동사/형용사 + 다면/ ㄴ/는다면

[의미]

어떤 불확실한 사실이나 상황의 조건을 나타낸다.

[형태]

동사나 형용사 뒤에 '-다면/ㄴ/는다면'이 결합한 형태이다. 동사의 어간
이 받침으로 마치면 '-는다면'이 붙는다. 어간이 모음으로 끝나거나 'ㄹ'
받침으로 끝나면 받침 'ㄹ이 탈락하고 '-ㄴ다면'이 붙는다.

형용사는 받침의 제약이 없이 모두 '-다면'이 붙는다.

명사는 받침으로 마치면 '-이라면', 받침으로 안 마치면 '-라면, -이라면'이 붙는다.

[사용]

어떤 불확실한 사실이나 상황을 가정함을 나타낸다.

> 예 가: 로또 일등에 당첨된다면 뭐 할까?
> 나: 글쎄, 생각만 해도 좋다.
> 가: 이번 명절에 상여금을 받으면 뭐 할 거예요?
> 나: 상여금을 받는다면 여행을 갈 거예요.
> 가: 여러분이 선생님이라면 어떤 수업을 하고 싶어요?
> 나: 공부 안 하고 싶어요.

13.4. 아무리 + 동사/형용사 + -아/어/여도

[의미]

앞선 동작이나 상태와 상관없이 뒤의 동작이나 상태가 일어남을 나타낸다.

[형태]

아무리 뒤에 동사나 형용사 어간에 '-아/어/여도'가 결합한 형태이다. 동사나 형용사 어간이 모음 '아, 오'로 마치면 '아무리 -아도'를 '아, 오'가 아니면 '아무리 -어도'가 붙는다. '하'로 마치면 '아무리 -여도'가 붙는다.

[사용]

(1) 앞선 동작이나 상태와 상관없이 뒤의 동작이나 상태가 일어남을 나

타내며, '아무리'는 생략할 수 있다.

> **예** 가: 바빠도 부모님께 자주 연락해야 해요.
> 나: 그럼요, 저는 일주일에 세 번은 연락해요.

(2) '아무리'는 정도가 매우 심함을 의미하며 뜻을 더 강조한다.

> **예** 아무리 노력해도 변하지 않는 것이 있네요.
> => 많이 노력하지만 변하지 않는 것이 있다.

13.5. 동사/형용사 + -거든

[의미]
뒤 내용에 대한 조건이나 가정을 나타낸다.

[형태]
동사, 형용사의 뒤에 '-거든'이 결합한 형태이다. 어간 받침의 제약이 없이 모두 '-거든'이 붙는다.

[사용]
(1) 뒤 내용에 대한 조건을 나타낸다.

> **예** 가: 배가 고프거든 이거 먹어라.
> 나: 고맙습니다.

(2) 명령형, 청유형, 의지 등과 결합하여 가정을 나타낸다.

> **예** 머리가 아프거든 병원에 가세요.　　(명령)

6시가 되거든 저녁을 먹으러 갑시다.　(청유)

주말이 되거든 바로 찾아뵙겠습니다.　(의지)

13.6. 동사/형용사 + -(으)ㄹ지라도

[의미]

앞의 내용을 인정하더라도 뒤의 내용이 다른 결과나 반대의 상황임을 나타낸다.

[형태]

동사나 형용사 뒤에 '-(으)ㄹ지라도'가 결합한 형태이다. 동사, 형용사의 어간이 받침으로 마치면 '-을지라도'가 붙는다. 어간이 받침으로 안 마치거나 'ㄹ' 받침으로 마치면 '-ㄹ지라도'가 붙는다.

[사용]

(1) 앞의 내용을 인정하더라도 뒤의 내용이 다른 결과나 반대의 상황임을 나타낸다.

> 예) 그의 여자 친구는 얼굴은 예쁠지라도 성격이 안 좋다.
>
> 그녀는 비록 나이가 어릴지라도 하는 행동이 어른스럽다.

(2) 앞의 내용을 인정하더라도 그것에 구애받지 않음을 나타낸다.

> 예) 그가 떠날지라도 슬퍼하지 마세요.
>
> 내일 비가 많이 올지라도 꼭 학교에 가야 한다.

13.7. 동사 + -는 셈 치고

[의미]

앞 문장의 내용을 전제하여 '그렇다고 생각하고' 뒤 문장의 동작이 일어남을 나타낸다.

[형태]

동사의 뒤에 '-는 셈 치고'가 결합한 형태이다. 어간 받침의 제약이 없이 모두 '-는 셈 치고'가 붙는다.

[사용]

(1) 앞 문장의 내용을 전제하여 '그렇다고 생각하고' 뒤 문장의 동작이 일어남을 나타낸다.

예》 가: 왜 그런지 뻔히 아는데 그가 자꾸만 돈을 빌려 달라고 하네요.
    나: 이번 한 번만 속는 셈치고 그냥 빌려 주세요.

    가: 일요일이지만 출근하는 셈 치고 저 좀 도와주세요.
    나: 미안해요. 약속이 있어요.

(2) 문장 끝은 '-는 셈 치다'로 쓴다.

예》 가: 너무 떨리면 연습하는 셈 치세요.
    나: 네, 편한 마음으로 할게요.

14 이유 · 원인

목록	등급
-아/어/여서	초급
-(으)니까	초급
-고 해서	중급
-에 따라서	중급
-기 때문에	중급
-(으)므로	중급
-는 바람에	중급
-(으)ㄴ/는 덕분에	중급
-(으)ㄴ/는 탓에	중급
-(으)ㄴ/는 통에	중급
-에 따르면	중급
-에서 비롯되다	중급

14.1. 동사/형용사 + -아/어/여서

[의미]

앞 문장이 뒤 문장의 이유나 원인을 나타낸다.

[형태]

동사나 형용사 뒤에 '-아/어/여서'가 결합한 형태이다. 동사나 형용사의 어간이 모음 '아, 오'로 마치면 '-아서'를 '아, 오'로 안 마치면 '-어서'가 붙는다. '하'로 마치면 '-여서'가 붙는다.

명사는 받침으로 마치면 '-이어서', 받침으로 안 마치면 '-여서'가 붙는다.

[사용]

앞 문장이 뒤 문장의 이유나 원인이 된다.

> 예》 가: 어디에 가요?
> 나: 머리가 아파서 병원에 가는 중이에요.

[제약]

(1) 이유나 원인을 나타낼 때 후행절에 명령형, 청유형은 쓸 수 없다.

> 예》 배가 고파서 식당에 갈까요?(X)
> 배가 고파서 식당에 가자(X)

(2) 동사와 결합하여 시간적 순서를 나타낸다. 이 경우 명령형, 청유형을 쓸 수 있다.

> 예》 이 사과는 깎아서 드세요.   (명령)
> 용돈을 모아서 선물을 사자.   (청유)

(3) 현재와 과거 모두 '-아/어/여서'로 쓴다.

> 예》 감기에 걸려서 콧물이 나요.(현재)
> 감기에 걸려서 콧물이 났어요.(과거)
> 날씨가 따뜻해서 얼음이 녹아요.(현재)
> 날씨가 따뜻해서 얼음이 녹았어요.(과거)

14.2. 동사/형용사 + -(으)니까

[의미]

앞 문장의 이유나 근거, 앞의 행위를 한 결과 뒤의 사실이 그러함을 나타낸다.

[형태]

동사나 형용사 뒤에 '-(으)니까'가 결합한 형태이다. 동사, 형용사의 어간이 받침으로 마치면 '-으니까'가 붙는다. 어간이 받침으로 안 마치거나 'ㄹ' 받침으로 마치면 받침 'ㄹ'이 탈락하고 '-니까'가 붙는다.

명사는 받침으로 마치면 '-이니까', 받침으로 안 마치면 '-니까, -이니까'가 붙는다.

[사용]

(1) 앞 문장의 이유나 근거를 나타낸다.

> 예 가: 우리 영화 보러 갈래?
> 나: 안 돼. 시험이 있어서 오늘은 공부해야 하니까 다음에 가자.

(2) 동사에 붙어서 앞의 행동을 한 결과 뒤의 사실이 그러함을 나타낸다.

> 예 그 가수의 노래를 들어 보니까 정말 잘 부르더라.

[제약]

(1) 이유나 원인, 근거를 나타낼 때 '-아/어/여서'와 '-(으)니까'는 서로 바꿔 쓸 수 있다.

> 예 요즘 바빠서 친구를 못 만났어.

=〉요즘 바쁘니까 친구를 못 만났어.

(2) '-아/어/여서'의 뒤 문장에는 명령형, 청유형을 사용할 수 없으나 '-(으)니까'의 뒤 문장에는 사용할 수 있다.

> 예 너를 좋아하지 않아서 우리 헤어지자.(X) (청유)
> 너를 좋아하지 않으니까 우리 헤어지자.(O) (청유)
> 너를 좋아하지 않아서 우리 헤어져.(X) (명령)
> 너를 좋아하지 않으니까 우리 헤어져.(O) (명령)

(3) '-(으)니까'는 과거형 '-았/었/였으니까' 미래형 '-(으)ㄹ 거니까'의 형태로 사용할 수 있다.

> 예 몸이 아팠으니까 일을 못했어요.
> 비가 올 거니까 빨래를 걷어야 해요.

14.3. 동사/형용사 + -고 해서

[의미]

어떤 행동을 하는 몇 가지 이유 중 하나임을 나타낸다.

[형태]

동사, 형용사의 뒤에 '-고 해서'가 결합한 형태이다. 어간 받침의 제약이 없이 모두 '-고 해서'가 붙는다.

명사는 받침으로 마치면 '-이고 해서', 받침으로 안 마치면 '-고 해서, -이고 해서'가 붙는다.

[사용]

어떤 행동을 하는 몇 가지 이유 중 하나임을 나타낸다.

> **예** 가: 어머, 가방이 좋아 보이네요.
>
> 나: 네, 디자인도 예쁘고 해서 하나 구입했어요.
>
> 가: 가족끼리 어디 가세요?
>
> 나: 오늘 휴일이고 해서 아이들과 놀이공원에 가는 길이에요.

[제약]

명령문이나 청유문에서는 쓸 수 없다.

14.4. 명사 + -에 따라서

[의미]

어떤 상황이나 사실 따위에 의거하여 뒤의 내용이 제한됨을 나타낸다.

[형태]

명사의 뒤에 '-에 따라서'가 결합한 형태이다. 어간 받침의 제약이 없이 모두 '-에 따라서'가 붙는다.

[사용]

(1) 어떤 상황이나 사실 따위에 의거하여 뒤의 내용이 제한됨을 나타낸다.

> **예** 가: 김치 맛이 다른 곳과 다르네요.
>
> 나: 네. 지역에 따라서 김치 담그는 방법이 다르니까요.

가: 날씨에 따라서 기분도 변하는 것 같아요.

나: 맞아요. 날씨가 우중충하니까 기분도 우울해요.

(2) 뒤 내용의 기준을 나타내며, '-에 따라'로 쓸 수 있다.

예 가: 교통 규칙에 따라 벌금을 내야 합니다.

나: 죄송합니다.

가: 다음은 일정에 따라 잠시 쉬겠습니다.

나: 네. 좋습니다.

[제약]

어떤 상황이나 사실 따위에 의거하여 뒤의 내용이 제한됨을 나타낼 때는 ' -에 따라서' 뒤에 '다르다, 차이가 있다, 다양하다, 변하다' 등의 어휘와 함께 사용한다.

14.5. 동사/형용사 + -기 때문에

[의미]

뒤 문장의 원인이나 이유를 나타낸다.

[형태]

동사, 형용사의 뒤에 ' - 기 때문에'가 결합한 형태이다. 어간 받침의 제약이 없이 모두 '-기 때문에'가 붙는다.

명사는 받침의 제약이 없이 모두 '때문에'를 붙인다.

[사용]

이유나 원인을 나타낸다.

> **예** 가: 이 시간에 왜 집에 있어요?
> 나: 오늘은 휴강이기 때문에 학교에 가지 않았어요.
>
> 가: 황사가 심하기 때문에 꼭 마스크를 써야 해요.
> 나: 네, 그렇게 할게요.

[제약]

명령형이나 청유형에서는 쓸 수 없다.

> **예** 비가 오기 때문에 우산을 써라. (X)　　　(명령)
> 영화가 재미없기 때문에 집에 가자. (X)　　(청유)

14.6. 동사/형용사 + -(으)므로

[의미]

뒤 문장의 원인이나 근거가 됨을 나타낸다.

[형태]

동사나 형용사 뒤에 '-(으)므로'가 결합한 형태이다. 동사, 형용사의 어간이 받침으로 마치면 '-으므로'가 붙는다. 어간이 받침으로 안 마치거나 'ㄹ' 받침으로 마치면 '-므로'가 붙는다.

[사용]

뒤 문장의 원인이나 근거가 됨을 나타낸다.

예 날씨가 추우므로 감기에 조심하시기 바랍니다.
축구 경기에서 우수한 성적을 거두었으므로 이 상장을 드립니다.

[제약]

(1) 명령형이나 청유형에서는 쓸 수 없다.

예 비가 오므로 우산을 써라. (X)   (명령)
영화가 재미없으므로 집에 가자. (X)   (청유)

(2) 주로 문어체로 많이 쓰이고, 연설이나 발표를 할 때 많이 사용한다.

14.7. 동사 + -는 바람에

[의미]

앞 문장의 행동이 뒤 문장의 예상하지 못한 이유나 원인이 됨을 나타낸다.

[형태]

동사의 뒤에 '-는 바람에'가 결합한 형태이다. 어간 받침의 제약이 없이 모두 '-는 바람에'가 붙는다.

[사용]

(1) 앞 문장이 뒤 문장의 예상하지 못한 이유나 원인이 됨을 나타낸다.

예 가: 왜 지금 왔니?
나: 버스를 놓치는 바람에 늦었어.

가: 어디 아파요?
나: 눈길에서 미끄러지는 바람에 다리를 다쳤어요.

(2) 앞 문장의 이유나 원인으로 뒤 문장에 부정적인 결과를 가져올 때 주로 사용한다.

14.8. 동사/형용사 + -(으)ㄴ/는 덕분에

[의미]

앞 문장의 행동이나 상태가 이유나 원인이 되어 긍정적인 결과가 나타난다.

[형태]

동사나 형용사 뒤에 '-(으)ㄴ 덕분에'가 결합한 형태이다. 동사는 어간이 받침으로 마치면 과거, 현재 순으로 '-은 덕분에, -는 덕분에'가 붙는다. 어간이 받침으로 안 마치거나 'ㄹ' 받침으로 마치면 과거, 현재 순으로 '-ㄴ 덕분에, -는 덕분에'가 붙는다. 이때 받침 'ㄹ'은 탈락한다.

형용사는 현재형만 있다. 어간이 받침으로 마치면 '-은 덕분에', 받침으로 안 마치거나 'ㄹ' 받침으로 마치면 받침 'ㄹ'이 탈락하고 '-ㄴ 덕분에'가 붙는다.

명사는 받침의 제약 없이 모두 '-덕분에'가 붙는다.

[사용]

앞 동작의 이유나 원인으로 뒤에 긍정적인 결과가 나타난다.

> (예) 가: 선생님께서 도와주신 덕분에 일을 잘 끝냈습니다.
> 나: 별말씀을요.

14.9. 동사/형용사 + -(으)ㄴ/는 탓에

[의미]

앞 문장의 행동이나 상태가 이유나 원인이 되어 뒤에 부정적인 결과가 나타난다.

[형태]

동사나 형용사 뒤에 '-(으)ㄴ 탓에'가 결합한 형태이다. 동사는 어간이 받침으로 마치면 과거, 현재 순으로 '-은 탓에, -는 탓에'가 붙는다. 어간이 받침으로 안 마치거나 'ㄹ' 받침으로 마치면 과거, 현재 순으로 '-ㄴ 탓에, -는 탓에'가 붙는다. 이때 받침 'ㄹ'은 탈락한다.

형용사는 현재형만 있다. 어간이 받침으로 마치면 '-은 탓에', 받침으로 안 마치거나 'ㄹ' 받침으로 마치면 받침 'ㄹ'이 탈락하고 '-ㄴ 탓에'가 붙는다. 그리고 명사는 받침의 제약 없이 모두 '-탓에'가 붙는다.

[사용]

앞 동작의 이유나 원인으로 뒤에 부정적인 결과가 나타난다.

예 가: 높은 구두를 신은 탓에 발이 너무 아프네요.
나: 높은 구두는 건강에 안 좋아요.

14.10. 동사 + -(으)ㄴ/는 통에

[의미]

앞 문장의 복잡한 상황으로 인해 그것이 이유나 원인이 되어 뒤에 부정적인 결과가 나타난다.

[형태]

동사의 뒤에 '-는 통에'가 결합한 형태이다. 동사는 어간이 받침으로 마치면 과거, 현재 순으로 '-은 통에, -는 통에'가 붙는다. 어간이 받침으로 안 마치거나 'ㄹ' 받침으로 마치면 과거, 현재 순으로 '-ㄴ 통에, -는 통에'가 붙는다. 이때 받침 'ㄹ'은 탈락한다.

명사는 받침의 제약 없이 모두 '-통에'가 붙는다.

[사용]

앞 문장의 복잡하나 상황으로 정신이 없어서 그것이 이유나 원인이 되어서 뒤에 부정적인 결과가 나타난다.

> 예 가: 조용히 좀 하세요. 떠드는 통에 안내 방송을 듣지 못했잖아요.
> 나: 미안합니다.

[비교]

'-는 바람에/-는 통에/-는 탓에/-는 덕분에'는 모두 이유나 원인을 나타낸다. 그러나 의미상의 차이가 있다.

	긍정적인 결과	부정적인 결과
이유, 원인	-는 덕분에	-는 바람에 -는 통에 -는 탓에

14.11. 명사 + -에 따르면

[의미]

앞의 상황이나 사실 따위에 근거함을 나타낸다.

[형태]

명사의 뒤에 '‐에 따르면'이 결합한 형태이다. 어간 받침의 제약이 없이 모두 '-에 따르면'이 붙는다.

[사용]

(1) 앞의 상황이나 사실 따위에 근거함을 나타낸다.

> 예 가: 언제까지 신입사원 모집이지요?
> 나: 공고문에 따르면 한 달 후까지 모집이래요.

(2) 앞의 상황이나 사실에 근거를 나타내는 '-에 의하면'과 바꿔 쓸 수 있다.

> 예 가: 다음 올림픽 개최지가 어디예요?
> 나: 뉴스에 의하면 서울이라고 해요.

14.12. 명사 + -에서 비롯되다

[의미]

어떤 사실이 어디에서 처음으로 시작됨을 나타낸다.

[형태]

명사의 뒤에 '-에서 비롯되다'가 결합한 형태이다. 어간 받침의 제약이 없이 모두 '-에서 비롯되다'가 붙는다.

[사용]

어떤 사실이 어디에서 처음으로 시작됨을 나타낸다.

> 예 건강한 정신은 건강한 몸에서 비롯된다.
> 그 싸움은 사소한 오해에서 비롯되었다.
> 그들의 불화가 어디에서 비롯된 것인지 기억나지 않는다.

15 기회

목록	등급
-(으)ㄹ 뻔하다	중급
-는 길에	중급

15.1. 동사 + -(으)ㄹ 뻔하다

[의미]

거의 앞의 상황과 같은 상태가 되려다가 다행히 그렇게 되지 않음을 나타낸다.

[형태]

동사의 뒤에 '-(으)ㄹ 뻔하다'가 결합한 형태이다. 동사의 어간이 받침으로 마치면 '-을 뻔하다'가 붙는다. 어간이 받침으로 안 마치거나 'ㄹ' 받침으로 마치면 '-ㄹ 뻔하다'가 붙는다.

[사용]

앞의 상황과 거의 같은 상태가 되려다가 다행히 그렇게 되지 않음을 나타낸다.

> 예 가: 좀 전에 계단에서 넘어질 뻔했어.
>
> 나: 괜찮아?
>
> 가: 길이 막혀서 버스를 놓칠 뻔했어요.
>
> 나: 다행이네요.

15.2. 동사 + -는 길에

[의미]

'가다, 오다' 등과 결합하여 오거나 가는 기회에 그 장소에서 다른 일을 함을 나타낸다.

[형태]

동사의 뒤에 '-는 길에'가 결합한 형태이다. 어간 받침의 제약이 없이 모두 '-는 길에' 가 붙는다.

[사용]

(1) '가다, 오다' 등과 결합하여 오거나 가는 기회에 그 장소에서 다른

일을 함을 나타낸다.

> 예 가: 여보세요?
> 나: 저예요. 집에 들어오는 길에 케이크 좀 사오세요.
>
> 가: 그게 뭐예요?
> 나: 퇴근하는 길에 사과를 좀 샀어요.
>
> 가: 지금 도서관 가지요? 도서관 가는 길에 제 책도 반납 부탁드려요.
> 나: 네, 알겠습니다.

(2) '-는 길에'와 결합하는 동사는 '가다, 오다, 나가다, 나오다, 들어가
다, 들어오다, 돌아가다, 돌아오다, 출근하다, 퇴근하다' 등이다.

[비교]

'-는 길에'는 가다, 오다 등과의 결합으로 제약을 받으나 '-는 도중에'
는 자유롭게 쓸 수 있다.

> 예 책을 읽는 도중에 전화가 왔다.(O)
> 책을 읽는 길에 전화가 왔다.(X)

16 반복

목록	등급
-기가 일쑤이다	중급
-곤 하다	중급

16.1. 동사 + -기가 일쑤이다

[의미]

어떤 행위를 하는 것이 흔하거나 으레 그러함을 나타낸다.

[형태]

동사의 뒤에 '-기가 일쑤이다'가 결합한 형태이다. 어간 받침의 제약이 없이 모두 '-기가 일쑤이다'가 붙는다.

[사용]

(1) 어떤 행위를 하는 것이 흔하거나 으레 그러함을 나타낸다.

> 예 가: 전쟁 통에는 먹을 것이 없어서 굶기가 일쑤였어요.
> 나: 그 시대에는 모두가 그랬지요.
>
> 가: 저는 버스에 우산을 놓고 내리기가 일쑤예요.
> 나: 다들 그래요.

(2) 과거형 '-기가 일쑤였다'로 사용할 경우는 과거에 이미 끝난 상태를 나타낸다.

> 예 어릴 때에는 밖에 나가 놀기가 일쑤였다.

(3) 일반적으로 부정적인 행위를 하는 것이 흔하거나 으레 그러함을 나타낸다.

16.2. 동사 + -곤 하다

[의미]

같은 동작이 되풀이됨을 나타낸다.

[형태]

동사의 뒤에 '-곤 하다'가 결합한 형태이다. 어간 받침의 제약이 없이 모두 '-곤 하다'가 붙는다.

[사용]

(1) 같은 동작이 되풀이됨을 나타낸다.

> 예 가: 시간이 있을 때 뭐예요?
> 나: 저는 시간적 여유가 있을 때 책을 읽곤 해요.
>
> 가: 밖에 비가 오네요.
> 나: 저는 비가 오면 부침개와 막걸리가 생각나곤 해요.

(2) 과거형 '-곤 했다'로 사용할 경우는 과거에 이미 끝난 상태를 나타낸다.

> 예 가: 취미가 뭐예요?
> 나: 고향에서는 승마를 하곤 했어요.
> 그러나 지금은 승마를 하지 않아요.

17 사실 확인

목록	등급
-(이)지요?	초급

17.1. 동사/형용사 + -(이)지요?

[의미]

이미 알고 있는 사실에 대해 확인함을 나타낸다.

[형태]

동사나 형용사 뒤에 '-(이)지요?'가 결합한 형태이다. 동사, 형용사 뒤의 받침의 제약이 없이 모두 '-지요?'가 붙는다.

명사는 받침으로 마치면 '-이지요?' 받침으로 안 마치면 '-지요?, -이지요?'가 붙는다.

[사용]

(1) 이미 알고 있는 사실을 확인함을 나타낸다.

> 예 가: 여보세요? 거기 박 교수님 댁이지요?
> 나: 네, 누구세요?
>
> 가: 내일이 토요일 맞지요?
> 나: 네, 맞아요.

(2) '-(이)지요?'는 '-죠?'로 줄여서 쓸 수 있다.

18 대조

목록	등급
-지만	초급
-(으)ㄴ/는데	초급
-(으)ㄴ/는 반면에	초급

18.1. 동사/형용사 + −지만

[의미]

앞뒤 문장이 반대되는 내용임을 나타낸다.

[형태]

동사, 형용사의 뒤에 '‐지만'이 결합한 형태이다. 어간 받침의 제약이 없이 모두 '-지만'이 붙는다.

[사용]

앞뒤 문장이 반대되는 내용임을 나타낸다.

> 예) 가: 한국어 배우기 어때요?
> 나: 좀 어렵지만 재미있어요.
>
> 가: 영희 씨, 동생하고 닮았어요?
> 나: 아니요. 동생은 눈이 크지만 저는 안 커요.
>
> 가: 철수 씨는 정말 젊게 사는 것 같아요.
> 나: 그래요? 제가 비록 나이는 많지만 마음은 늘 청춘이에요.

18.2. 동사/형용사 + -(으)ㄴ/는데

[의미]
앞뒤의 내용이 서로 반대의 결과나 대조됨을 나타낸다.

[형태]
동사나 형용사의 뒤에 '-(으)ㄴ/는데'가 결합한 형태이다. 동사는 받침의 제약이 없이 모두 '-는데'가 붙는다. 'ㄹ' 받침으로 마치면 받침 'ㄹ'이 탈락하고 '-는데'가 붙는다.

형용사는 어간이 받침으로 마치면 '-은데', 받침으로 안 마치거나 'ㄹ' 받침으로 마치면 받침 'ㄹ'이 탈락하고 '-ㄴ데'가 붙는다.

명사는 받침으로 마치면 '-인데', 받침으로 안 마치면 '-ㄴ데, -인데'가 붙는다.

[사용]
앞뒤의 내용이 서로 반대의 결과나 대조됨을 나타낸다.

> 예) 가: 열심히 연습했는데 이번에도 우리 팀이 졌어.
> 나: 기운 내세요.
>
> 가: 동생도 민수 씨와 키가 비슷해요?
> 나: 아니에요. 저는 키가 작은데 동생은 키가 커요.

[확장]
(1) 뒤 문장에 대한 이유나 근거를 나타낸다.

> 예) 가: 배가 고픈데 밥이나 먹자.
> 나: 그래 좋아.

가: 너무 늦었는데 택시를 타고 갑시다.

나: 네, 그러지요.

(2) 뒤 문장의 배경을 나타낸다.

　예　가: 비가 오는데 거긴 어때?

나: 여기도 비가 와.

18.3. 동사/형용사 + -(으)ㄴ/는 반면에

[의미]

앞에서 말한 사실과 뒤의 사실이 상반됨을 나타낸다.

[형태]

동사나 형용사 뒤에 '-(으)ㄴ/는 반면에'가 결합한 형태이다. 동사는 어간이 받침으로 마치면 과거, 현재 순으로 '-은 반면에, -는 반면에'가 붙는다. 어간이 받침으로 안 마치거나 'ㄹ' 받침으로 마치면 과거, 현재 순으로 '-ㄴ 반면에, -는 반면에'가 붙는다. 이때 받침 'ㄹ'은 탈락한다.

형용사는 현재형만 있다. 어간이 받침으로 마치면 '-은 반면에', 받침으로 안 마치거나 'ㄹ' 받침으로 마치면 받침 'ㄹ'이 탈락하고, '-ㄴ 반면에'가 붙는다.

명사는 받침으로 마치면 '-인 반면에', 받침으로 안 마치면 '-ㄴ 반면에 -인 반면에'가 붙는다.

[사용]

앞에서 말한 사실과 뒤의 사실이 상반됨을 나타낸다.

예 가: 그녀를 만나 보려고 하는데 어때요?

나: 얼굴은 예쁜 반면에 성격은 좀 까다로운 편이에요.

가: 로빈 씨의 한국어 실력은 어떻습니까?

나: 그는 영어는 잘하는 반면에 한국어는 못해요.

19 계획·의도

목록	등급
-(으)려고 하다	계획
-기로 하다	계획
-(으)ㄹ까 하다	계획

19.1. 동사 + -(으)려고 하다

[의미]

어떤 행동을 할 의도가 있음을 나타낸다.

[형태]

동사의 뒤에 '-(으)려고 하다'가 결합한 형태이다. 동사의 어간이 받침으로 마치면 '-으려고 하다'가 붙는다. 어간이 받침으로 안 마치거나 'ㄹ' 받침으로 마치면 '-려고 하다'가 붙는다.

[사용]

어떤 행동을 할 의도가 있음을 나타낸다.

> 예 가: 저녁에 뭐 할 거예요?
> 나: 저녁에 친구를 만나려고 해요.
>
> 가: 오후에 뭐 할 거예요?
> 나: 머리가 너무 길어서 미용실에 가려고 해요.

19.2. 동사 + -기로 하다

[의미]

어떤 행동을 할 것을 계획하거나 결정함을 나타낸다.

[형태]

동사의 뒤에 '-기로 하다'가 결합한 형태이다. 어간 받침의 제약이 없이 모두 '-기로 하다'가 붙는다.

[사용]

어떤 행동을 할 것을 계획하거나 결정함을 나타낸다.

> 예 가: 올해 계획이 뭐예요?
> 나: 올해 가족들과 해외여행을 가기로 했어요.
>
> 가: 주말에 영희와 영화를 보기로 했어. 같이 갈래?
> 나: 그래. 같이 가자.

[확장]

(1) 다른 사람과 약속을 할 때 사용한다.

예〉 가: 내일 몇 시에 만날까요?

나: 금요일 저녁은 길이 막히니까 조금 일찍 만나기로 해요.

(2) 나 자신과의 결심에 사용한다.

예〉 가: 새해 결심이 뭐예요?

나: 올해는 담배를 끊기로 했어요.

가: 술은 계속 마실 거예요?

나: 아니요. 술도 끊기로 결심했어요.

(3) 두 사람 사이의 약속을 다른 사람에게 전달할 때 사용한다.

예〉 가: 팅팅 씨, 주말에 약속이 있어요?

나: 네, 로빈 씨와 인사동에 가기로 했어요.

가: 와, 재미있겠어요.

19.3. 동사 + -(으)ㄹ까 하다

[의미]

어떤 행동을 하려고 하는 생각이나 마음이 있음을 나타낸다.

[형태]

동사의 뒤에 '-(으)ㄹ까 하다'가 결합한 형태이다. 동사의 어간이 받침으로 마치면 '-을까 하다'가 붙는다. 어간이 받침으로 안 마치거나 'ㄹ' 받침으로 마치면 받침 'ㄹ'이 탈락하고 '-ㄹ까 하다'가 붙는다.

[사용]

어떤 행동을 하려고 하는 생각이나 마음이 있음을 나타낸다.

> 예 가: 오후에 뭐 할 거예요?
>
> 나: 친구를 만날까 해요.
>
> 가: 점심에 칼국수를 먹을까 하는데 같이 먹을래요?
>
> 나: 좋아요. 같이 먹어요.

20 바람 · 희망

목록	등급
-고 싶다	초급
-기를 바라다	초급
-았/었/였으면 좋겠다	중급

20.1. 동사 + -고 싶다

[의미]

말하는 이의 바람이나 희망을 나타낼 때 사용한다.

[형태]

동사의 뒤에 '-고 싶다'가 결합한 형태이다. 어간 받침의 제약이 없이 모두 '-고 싶다'가 붙는다.

[사용]

(1) 말하는 이의 바람이나 희망을 나타낸다.

　예) 가: 이번 휴가에 무엇을 하고 싶어요?
　　　나: 저는 부산으로 여행을 가고 싶어요.

　　　가: 저는 일을 그만 두면 시골에 가서 살고 싶어요.
　　　나: 자연을 좋아하면 시골에 사는 것도 좋을 거 같아요.

(2) 주어가 3인칭인 경우 '-고 싶어 하다'를 사용한다.

　예) 가: 철수 씨, 로안 씨는 생일에 어떤 선물을 받고 싶어 해요?
　　　나: 로안 씨는 예쁜 모자를 받고 싶어 해요.

20.2. 동사/형용사 + -기를 바라다

[의미]

말하는 이의 바람이나 원함을 나타낼 때 사용한다.

[형태]

동사와 형용사 뒤에 '-기를 바라다'가 결합한 형태이다. 어간 받침의 제약이 없이 모두 '-기를 바라다'가 붙는다.

[사용]

(1) 말하는 이의 바람이나 원함을 나타낸다.

<예\> 가: 지난주에 취직 시험을 봤어요.

나: 꼭 합격하기를 바라요.

(2) 격식체인 경우 '-기(를) 바랍니다'를 사용한다.

<예\> 동문회의에 참석하여 자리를 빛내 주시기를 바랍니다.

공공장소에서는 차례를 지켜 주시기 바랍니다.

(3) '-기를 바라다'는 '-기를 원하다, 희망하다'와 바꿔 쓸 수 있다.

20.3. 동사/형용사 + -았/었/였으면 좋겠다

[의미]

말하는 이의 강한 바람이나 희망을 나타낼 때 사용한다.

[형태]

동사나 형용사 뒤에 '-았/었/였으면 좋겠다'가 결합한 형태이다. 동사나 형용사의 어간이 모음 '아, 오'로 마치면 '-았으면 좋겠다'가 '아, 오'로 안 마치면 '-었으면 좋겠다'가 붙는다. '하로 마치면 '-였으면 좋겠다 '가 붙는다.

명사는 받침으로 마치면 '-이었으면 좋겠다'가 받침으로 안 마치면 '-였으면 좋겠다'가 붙는다.

[사용]

(1) 말하는 이의 강한 바람이나 원함을 나타낼 때 사용한다.

<예\> 가: 이제 화요일인데 힘드네요.

나: 저도 힘들어서 좀 쉬었으면 좋겠어요..

가: 가끔은 하늘을 날았으면 좋겠어요.

나: 슈퍼맨처럼요?

(2) 현실과 다르게 되기를 바라거나 원할 때 사용한다.

예 가: 저는 키가 좀 더 컸으면 좋겠어요.

나: 지금도 괜찮아요.

[제약]

불규칙의 경우 'ㄷ, ㅂ, ㅅ, ㅎ'의 변화에 주의한다.

예 싣다 → 실었으면 좋겠다
굽다 → 구웠으면 좋겠다
젓다 → 저었으면 좋겠다
파랗다 → 파랬으면 좋겠다

21 변화 · 예정

목록	등급
-게 되다	초급
-아/어/여 지다	초급

21.1. 동사 + -게 되다

[의미]

다른 사람이나 상황에 의하여 인위적으로 변화함을 나타낸다.

[형태]

동사의 뒤에 '-게 되다'가 결합한 형태이다. 어간 받침의 제약이 없이 모두 '-게 되다'가 붙는다.

[사용]

다른 사람이나 상황에 의하여 인위적으로 변함이나 예정을 나타낸다.

> **예** 가: 어디 가세요?
> 나: 네, 친구에게 비행기표를 선물 받아서 여행을 가게 되었어요.
>
> 가: 어떻게 미국에 살게 되었어요?
> 나: 아이들 공부 때문에 살게 되었어요.
>
> 가: 이사하시나 봐요.
> 나: 네, 집이 작아서 이사하게 되었어요.

21.2. 형용사 + -아/어/여지다

[의미]

점점 어떤 상태로 자연스럽게 변화되거나 바뀜을 나타낸다.

[형태]

형용사의 뒤에 '-아/어/여지다'가 결합한 형태이다. 형용사의 어간이 모음 '아, 오'로 마치면 '-아지다'가 '아, 오'로 안 마치면 '-어 지다'가 붙는다. '하'로 마치면 '-여지다'가 붙는다.

[사용]

(1) 점점 어떤 상태로 자연스럽게 변화되거나 바뀜을 나타낸다.

예 가: 요즘 눈이 침침해요.

나: 저는 당근을 먹어서 눈이 좋아졌어요. 한번 드셔 보세요.

가: 춘분이 지나서 낮이 길어졌어요.

나: 네, 낮이 길어지니까 좋네요.

(2) 일반적으로 과거, 현재, 미래 시제를 모두 사용할 수 있으나 과거 시제를 가장 많이 사용한다.

[비교]

변화나 예정을 나타내는 '-게 되다'와 '-아/어/여지다'이지만, 자연스러운 변화에는 '-아/어/여지다'를, 외부자극에 의한 인위적인 변화에는 '-게 되다'를 사용한다.

22 후회

목록	등급
-(으)ㄹ 텐데	중급
-(으)ㄹ걸 그랬다	중급

22.1. 동사/형용사 + -(으)ㄹ 텐데

[의미]

말하는 이가 어떤 상황에 대해 아쉬움을 나타낸다. 뒤에는 그와 연관되거나 반대의 상황을 제시할 때 사용한다.

[형태]

동사나 형용사 뒤에 '-(으)ㄹ 텐데'가 결합한 형태이다. 동사, 형용사의 어간이 받침으로 마치면 '-을 텐데'가 붙는다. 어간이 받침으로 안 마치거나 'ㄹ' 받침으로 마치면 '-ㄹ 텐데'가 붙는다.

[사용]

말하는 이가 지나간 상황에 대해 아쉬움을 나타낸다. 뒤에는 그와 반대되는 내용을 제시한다. 일반적으로 과거형으로 나타낸다.

예 가: 여행 잘 다녀왔어요?

나: 네, 같이 갔으면 좋았을 텐데 혼자 다녀와서 아쉽네요.

가: 이제 방학이 끝나 가네요.

나: 계획적으로 보내면 좋았을 텐데 후회가 돼요.

[제약]

불규칙의 경우 'ㄷ, ㅂ, ㅅ, ㅎ'의 변화에 주의한다.

예 듣다 → 들을 텐데

놀다 → 놀 텐데

무겁다 → 무거울 텐데

낫다 → 나을 텐데

그렇다 → 그럴 텐데

[확장]

말하는 이가 어떤 사실이나 상황에 대한 추측을 나타낸다.

예 가: 지금 출발해도 늦을 텐데 걱정이네요.

나: 그럼 택시를 타고 갑시다.

가: 오후에 눈이 와서 미끄러울 텐데 조심하세요.

나: 고마워요.

22.2. 동사 + -(으)ㄹ걸 그랬다

[의미]

말하는 이가 과거에 하지 못한 일에 대한 후회, 아쉬움을 나타낸다.

[형태]

동사나 형용사 뒤에 '-(으)ㄹ걸 그랬다'가 결합한 형태이다. 동사, 형용사의 어간이 받침으로 마치면 '-을걸 그랬다'가 붙는다. 어간이 받침으로 안 마치거나 'ㄹ' 받침으로 마치면 '-ㄹ걸 그랬다'가 붙는다.

[사용]

(1) 말하는 이가 과거에 하지 못한 일에 대한 후회, 아쉬움을 나타낸다.

　예) 가: 영화가 어땠어요?

　　　나: 표가 매진되어서 못 봤어요. 조금 일찍 가서 볼걸 그랬어요.

(2) '-(으)ㄹ걸'로 줄여 표현하기도 한다.

　예) 가: 지금 야식을 시키려고 해요.

　　　나: 이렇게 시킬 줄 알았다면 저녁을 안 먹을걸.

(3) 부정형의 표현은 '-지 말걸 그랬다, -지 않을걸 그랬다'가 있다.

　예) 가: 많이 늦었네요.

나: 길이 너무 막혔어요. 버스를 타지 말걸 그랬어요.

가: 바쁠 때는 버스를 탈 게 아니라 지하철을 타야 해요.

[제약]

불규칙의 경우 'ㄷ, ㄹ, ㅂ, ㅅ'의 변화에 주의한다.

예		
듣다	→	들을걸 그랬다
놀다	→	놀걸 그랬다
돕다	→	도울걸 그랬다
젓다	→	저을걸 그랬다

23 선택

목록	등급
-거나	초급
-(이)든지 -(이)든지	초급
-(으)ㄹ까 말까	중급
-(이)나 -(이)나 할 것 없이	중급
-은/는 커녕	중급
-(으)ㄹ락 말락 하다	중급
-는 둥 마는 둥	중급
-느니 차라리	중급

23.1. 동사/형용사 + -거나

[의미]

앞뒤의 상황 모두를 포함한 선택을 나타내는 경우에 사용한다.

[형태]

동사나 형용사 뒤에 '-거나'가 결합한 형태이다. 동사, 형용사의 어간 받침의 제약이 없이 모두 '-거나'가 붙는다.

[사용]

앞 뒤 상황 모두를 포함한 선택을 나타낸다.

> 예 가: 휴가 때 뭐하며 지냈어요?
> 나: 책을 읽거나 산책을 했어요.
>
> 가: 주로 어떤 음료를 마셔요?
> 나: 커피를 마시거나 녹차를 마셔요.
>
> 가: 내일 뭐 할 거예요?
> 나: 테니스를 치거나 농구를 할 거예요.

23.2. 명사 + -(이)든지 명사 + -(이)든지

[의미]

앞뒤의 명사 모두 포함함을 나타낸다.

[형태]

명사의 뒤에 '-(이)든지 -(이)든지'가 결합한 형태이다. 명사가 받침으로 마치면 '-이든지'가 붙는다. 받침으로 안 마치면 '-든지'가 붙는다.

[사용]

(1) 앞뒤의 명사 모두 포함함을 나타낸다.

> **예** 가: 데이트 코스는 어디가 좋을까요?
>
> 나: 박물관이든지 음악회든지 모두 괜찮을 것 같아요.

(2) '-(이)든지'의 '지'를 생략할 수 있다.

> **예** 가: 언제 만나요?
>
> 나: 저는 오늘이든 내일이든 상관없어요.

(3) '의문사 +-든지'의 형태도 사용이 가능하다.

> **예** 가: 제가 이번 시험에 합격할 수 있을까요?
>
> 나: 누구든지 노력하면 합격할 수 있어요.
>
> 가: 선생님, 질문해도 돼요?
>
> 나: 모르는 것이 있으면 언제든지 무엇이든지 질문하세요.

(4) '-(이)든지'는 '-(이)건'과 바꾸어 쓸 수 있다.

> **예** 가: 말과 행동 중 무엇이 더 중요할까요?
>
> 나: 말이건 행동이건 모두 중요하니 늘 조심해야 해요.

23.3. 동사 + -(으)ㄹ까 말까

[의미]

어떤 일이 일어날 듯 말 듯한 상황에서 무엇을 할까 하지 말까 선택의 순간 고민하거나 망설임을 나타내는 표현이다.

[형태]

동사의 뒤에 '-(으)ㄹ까 말까'가 결합한 형태이다. 동사의 어간이 받침으로 마치면 '-을까 말까'가 붙는다. 어간이 받침으로 안 마치거나 'ㄹ' 받침으로 마치면 'ㄹ'이 탈락하고 '-ㄹ까 말까'가 붙는다.

[사용]

(1) 어떤 일이 일어날 듯 말 듯한 상황에서 선택의 순간 고민하거나 망설임을 나타낸다.

> 예 가: 무슨 생각을 그렇게 해요?
>   나: 잠이 와서 커피를 마실까 말까 망설이고 있었어요.
>
>   가: 어디에 가요?
>   나: 날이 추워서 밖에 나갈까 말까 생각하고 있었어요.

(2) '-(으)ㄹ까'로 줄여 쓰기도 한다.

> 예 가: 고향에 언제 갈 거예요?
>   나: 내년에 돌아갈까 해요.

23.4. 명사 + -(이)나 -(이)나 할 것 없이

[의미]

앞뒤의 명사 모두 포함함을 나타낸다.

[형태]

명사의 뒤에 '-(이)나 -(이)나 할 것 없이'가 결합한 형태이다. 명사가 받침으로 마치면 '-이나'가 받침으로 안 마치면 '-나'가 붙는다.

[사용]

(1) 앞뒤의 명사 모두 포함함을 나타낸다.

> 예 가: 로빈 씨는 춤이나 노래나 할 것 없이 모두 잘하네요.
> 나: 맞아요. 부러워요.
>
> 가: 여름에는 산이나 바다나 할 것 없이 모두 사람들이 많아요.
> 나: 휴가철이잖아요.

(2) ' -(이)나 + -(이)나 할 것 없이'에서 '할 것 없이'를 생략하여 나타내기 도 한다.

> 예 가: 우리 주말에 함께 요리해요. 한식이 좋아요? 중식이 좋아요?
> 나: 저는 한식이나 중식이나 모두 좋아요.
>
> 가: 내일 시간 있어요? 등산 갈래요?
> 나: 네, 가을이니까 단풍으로 유명한 설악산이나 내장산이나 아니면 가 까운 북한산도 괜찮아요.

23.5. 명사 + -은/는커녕, 동사/형용사 + 기는커녕

[의미]

앞뒤 모두 불가능함을 나타낸다. 이때 앞의 내용이 뒤의 내용보다 더 어려우며 실현 불가능한 부정적 상황이다. 그리고 뒤의 내용은 앞의 내용 보다 실현 가능한 상황이나 이 역시 어려움을 나타낸다.

[형태]

동사나 형용사의 뒤에 '‒기는 켜녕'이 결합한 형태이다. 어간 받침의 제약이 없이 모두 '-기는커녕'이 붙는다.

명사는 받침으로 마치면 '-은커녕' 받침으로 안 마치면 '-는커녕'이 붙는다.

[사용]

(1) 앞뒤 모두 불가능하거나 어려움을 나타내며 부정적 상황을 나타낸다.

> **예** 가: 주말에 좀 쉬었어요?
>
> 나: 쉬기는커녕 집안일만 했어요.
>
> 가: 일을 다 끝냈습니까?
>
> 나: 끝내기는커녕 아직 시작도 못 했습니다.

(2) '명사 + -은커녕' 뒤에 '-도, -조차' 등과 함께 쓸 수 있다.

> **예** 가: 점심 먹었어요?
>
> 나: 점심은커녕 아침도 못 먹었어요.

23.6. 동사+ ‒(으)ㄹ락 말락 하다

[의미]

어떤 행위의 동작이 목표의 경계에 도달하려는 상황을 나타낸다.

[형태]

동사의 뒤에 '-(으)ㄹ락 말락 하다'가 결합한 형태이다. 동사의 어간이 받침으로 마치면 '-을락 말락 하다'가 붙는다. 어간이 받침으로 안 마치거나 'ㄹ' 받침으로 마치면 받침 'ㄹ'이 탈락하고 '-ㄹ락 말락 하다'가 붙는다.

[사용]

어떤 행위의 동작이 목표의 경계에 도달하려는 상황을 나타낸다.

> 예 가: 책장 꼭대기에서 책 좀 꺼내 주세요.
>
> 나: 손이 닿을락 말락 하는데 어떡하죠?
>
> 가: 컵 조심하세요.
>
> 나: 물이 넘칠락 말락 하네요.

23.7. 동사 + -는 둥 마는 둥

[의미]

어떤 일을 열심히 하지 않거나 제대로 하지 않음을 나타낸다.

[형태]

동사나 형용사 뒤에 '-(으)ㄴ/는(으)ㄹ 둥 말 둥'이 결합한 형태이다. 동사는 어간이 받침으로 마치면 과거, 현재, 미래 순으로 '-은 둥 만 둥, -는 둥 마는 둥, -을 둥 말 둥'이 붙는다. 어간이 받침으로 안 마치거나 'ㄹ' 받침으로 마치면 과거, 현재, 미래 순으로 '-ㄴ 둥 만 둥, -는 둥 마는 둥, -ㄹ 둥 말 둥'이 붙는다. 이때 받침 'ㄹ'은 탈락한다.

[사용]

(1) 어떤 일을 열심히 하지 않거나 제대로 하지 않음을 나타낸다.

> 예 가: 어제 잠을 자는 둥 마는 둥 했더니 피곤하네요.

나: 그러게요. 조금 피곤해 보여요.

가: 로빈 씨가 얘기를 할 둥 말 둥 하더니 말더라.

나: 얘기 못 할 이유가 있겠지요.

[비교]

(1) ' - (으)ㄹ락 말락 하다'와 ' - (으)ㄹ 둥 말 둥 하다'는 주어가 사람일
경우 바꿔 쓸 수 있다.

> 예 로빈 씨가 얘기를 할락 말락 하더니 말더라.
>
> = 로빈 씨가 얘기를 할 둥 말 둥 하더니 말더라.

(2) ' - (으)ㄹ락 말락 하다'와 ' - (으)ㄹ 둥 말 둥 하다'의 주어가 사람이
아닌 경우는 어색하므로 바꿔 쓰지 않는다.

> 예 얘기 소리가 들릴락 말락 해요.
>
> = 얘기 소리가 들릴 둥 말 둥 해요.(X)

23.8. 동사 + -느니 차라리

[의미]

앞뒤의 두 가지가 모두 마음에 들지 않으나 어쩔 수 없이 둘 중에 더
나은 뒤의 것을 선택함을 나타낸다.

[형태]

동사의 뒤에 ' - 느니 차라리'가 결합한 형태이다. 어간 받침의 제약이
없이 모두 ' - 느니 차라리'가 붙는다.

[사용]

(1) 두 가지 모두 마음에 들지 않으나 상대적으로 나은 하나를 선택함
을 나타낸다.

> 예 가: 사는 게 힘들어요. 죽고 싶어요.
> 나: 그렇게 죽느니 차라리 나는 죽을 힘으로 열심히 살겠다.
>
> 가: 애를 보느니 차라리 집안 일을 하겠어요.
> 나: 맞아요. 애 보는 것이 쉬운 일이 아니에요.

(2) '-느니 차라리'는 '차라리'를 생략해서 쓸 수 있다.

> 예 가: 이걸 먹느니 굶겠다.
> 나: 나도. 너무 맛이 없어.

(3) '-느니 차라리'의 '차라리'는 상대적으로 나은 하나를 선택한다는
의미에서는 '-느니 아예'와 바꿔 쓸 수 있다.

> 예 다른 사람과 결혼하느니 차라리 혼자 사는 게 낫겠어요.
> = 다른 사람과 결혼하느니 아예 혼자 사는 게 낫겠어요.

24 가능

목록	등급
-(으)ㄹ 수 있다/없다	초급
-(으)ㄹ 줄 알다/모르다	초급

24.1. 동사 + -(으)ㄹ 수 있다/없다

[의미]

어떤 일의 가능성이 있는지 없는지를 나타낸다.

[형태]

동사의 뒤에 '-(으)ㄹ 수 있다/없다'가 결합한 형태이다. 동사의 어간이 받침으로 마치면 '-을 수 있다/없다'가 붙는다. 어간이 받침으로 안 마치거나 'ㄹ' 받침으로 마치면 받침 'ㄹ'이 탈락하고 '-ㄹ 수 있다/없다'가 붙는다.

[사용]

(1) 어떤 일의 가능성이 있는지 없는지를 나타낸다.

> **예** 가: 내일 연극을 보러 갈까요?
> 나: 저는 약속이 있어서 갈 수 없어요.

(2) 어떤 일이 가능한 능력이나 방법을 나타낸다.
> **예** 가: 저만의 불고기를 요리할 수 있는 비법이 있어요.
> 나: 저도 가르쳐 주세요.

24.2. 동사 + -(으)ㄹ 줄 알다/모르다

[의미]

어떤 일의 처리 가능한 가능성을 나타낸다. 일반적으로 배워서 가능한 능력이나 방법이다.

[형태]

동사의 뒤에 '-(으)ㄹ 줄 알다/모르다'가 결합한 형태이다. 동사의 어간이 받침으로 마치면 '-을 줄 알다/모르다'가 붙는다. 어간이 받침으로 안 마치거나 'ㄹ' 받침으로 마치면 받침 'ㄹ'이 탈락하고 '-ㄹ 줄 알다/모르다'가 붙는다.

[사용]

(1) 어떤 일을 배움으로써 처리 가능한 능력이나 방법을 나타낸다.

> 예） 가: 자전거를 탈 줄 알아요?
> 나: 네, 자전거를 탈 줄 알아요.
>
> 가: 이 글자가 뭐예요?
> 나: 저는 중국어를 읽을 줄 몰라요.

[확장]

과거 시제로 사용하면 사실이나 상태를 나타내기도 한다.

> 예） 가: 오늘 비가 올 줄 몰랐어요.
> 나: 저도요. 아침에 창문을 열어 놓고 나왔어요.

[비교]

'-(으)ㄹ 수 있다/없다'는 타고 나거나 배워서 가능한 능력을, -(으)ㄹ 줄 알다/모르다'는 학습을 통해 배워서 가능한 능력이나 방법을 나타낸다.

| 25 | 단정 |

목록	등급
-기에 달려 있다	중급
-(이)야말로	중급

25.1. 동사 + -기에 달려 있다

[의미]

어떤 행동이나 상황의 단정으로 인해 뒤의 상황이나 결과가 달라질 수
있음을 나타낸다.

[형태]

동사의 뒤에 '-기에 달려 있다' 결합한 형태이다. 어간 받침의 제약이
없이 모두 '-기에 달려 있다'가 붙는다.

[사용]

(1) 앞의 행동으로 인해 뒤의 상황이나 결과가 달라질 수 있음을 나타
낸다.

> 예 가: 한국어 말하기를 잘할 수 있는 방법이 있습니까?
>
> 나: 말은 연습하기에 달려 있습니다. 꾸준히 연습하면 잘할 수 있습니다.
>
> 가: 어떻게 하면 행복해질까요?
>
> 나: 행복은 마음먹기에 달려 있어요.

(2) '-에게' 달려 있다'를 사용할 수도 있다.

> **예** 아이의 언어능력은 엄마에게 달려 있다고 봅니다.

25.2. 명사 + -(이)야말로

[의미]
여러 대상과 비교하여 특정 대상의 뒤에 붙어 강조의 의미를 나타낸다.

[형태]
명사 뒤에 '-(이)야말로'가 결합한 형태이다. 명사가 받침으로 마치면 '-이야말로'가 붙는다. 받침으로 안 마치면 '-야말로'가 붙는다.

[사용]
여러 대상과 비교하여 특정 대상의 뒤에 붙어 강조의 의미를 나타낸다.

> **예** 가: 한국의 여행지 중 유명한 곳은 어디입니까?
> 나: 제주도야말로 가장 인기 있는 여행지지요.
>
> 가: 부모님 선물로 어떤 것이 좋을까요?
> 나: 마음이 담긴 선물이야말로 어른들이 가장 좋아하시는 선물이에요.

26 의지

목록	등급
-(으)ㄹ게요	초급
-고야 말겠다	중급

26.1. 동사 + -(으)ㄹ게요

[의미]
말하는 이의 의지를 나타낸다.

[형태]
동사의 뒤에 '-(으)ㄹ게요'가 결합한 형태이다. 동사의 어간이 받침으로 마치면 '-을게요'가 붙는다. 어간이 받침으로 안 마치거나 'ㄹ' 받침으로 마치면 받침 'ㄹ'이 탈락하고 '-ㄹ게요'가 붙는다.

[사용]
(1) 말하는 이의 의지를 나타낸다.

> 예 가: 커피나 녹차 중 무엇을 드릴까요?
> 나: 저는 커피 주세요. 커피를 마실게요.

[확장]
상대에게 약속하거나 동의를 구할 때 표현하기도 한다.

예 가: 언제 시간이 괜찮아요?

나: 금요일 저녁이 좋아요.

가: 그럼 금요일 저녁에 전화할게요.

26.2. 동사 + -고야 말겠다

[의미]

말하는 이의 강한 의지, 다짐 등을 나타낸다.

[형태]

동사의 뒤에 '-고야 말겠다'가 결합한 형태이다. 어간 받침의 제약이 없이 모두 '-고야 말겠다'가 붙는다.

[사용]

(1) 말하는 이의 강한 의지, 다짐 등을 나타낸다.

예 가: 영희 씨, 운전 연습은 잘 되나요?

나: 그럼요. 이번에는 운전면허증을 따고야 말겠어요.

가: 이제 졸업할 때가 됐지요?

나: 네, 올해는 꼭 졸업을 하고야 말겠어요.

[확장]

주어가 3인칭일 때는 추측을 나타낸다.

예 가: 철수 씨, 그렇게 과속을 하다가는 사고가 나고야 말겠어요.

나: 네, 조심할게요.

27 양보

목록	등급
-(으)ㄹ지라도	초급
-(으)ㄴ/는데도 불구하고	중급

27.1. 동사/형용사 + -(으)ㄹ지라도

[의미]

상황을 인정하거나 가정하면서 뒤에 제시되는 상황을 강조할 때 사용한다. 이때 뒤 내용은 앞 상황의 반대이거나 그로인해 영향을 받지 않는 내용이 나타난다.

[형태]

동사나 형용사 뒤에 '-(으)ㄹ지라도'가 결합한 형태이다. 동사, 형용사의 어간이 받침으로 마치면 '-을지라도'가 붙는다. 어간이 받침으로 안 마치거나 'ㄹ' 받침으로 마치면 받침 'ㄹ'이 탈락하고 '-ㄹ지라도'가 붙는다.

명사는 받침으로 마치면 '-일지라도'가 받침으로 안 마치면 '-ㄹ지라도, -일지라도'가 붙는다.

[사용]

상황을 인정하거나 가정하면서 뒤에 제시되는 상황을 강조할 때 사용한다.

예 가: 그는 세계 제일의 부자예요. 부러워요.

나: 아무리 돈이 많을지라도 건강이 제일이지요.

가: 바빠서 밥도 못 먹었어요

나: 바쁠지라도 밥은 먹고 다녀야죠.

27.2. 동사/형용사 + -(으)ㄴ/는데도 불구하고

[의미]

제시한 상황이 기대와 다른 결과를 나타낼 때 사용한다.

[형태]

동사나 형용사의 뒤에 '-(으)ㄴ/는데도 불구하고'가 결합한 형태이다. 동사는 어간이 받침으로 마치면 과거, 현재 순으로 '-은데도 불구하고 ‑ 는데도 불구하고'가 붙는다. 어간이 받침으로 안 마치거나 'ㄹ' 받침으로 마치면 과거, 현재 순으로 '-ㄴ데도 불구하고, -는데도 불구하고'가 붙는다. 이때 받침 'ㄹ'은 탈락한다.

형용사는 현재형만 있다. 어간이 받침으로 마치면 '-은데도 불구하고', 받침으로 안 마치거나 'ㄹ 받침'으로 마치면 받침 'ㄹ'이 탈락하고 '‑ㄴ데도 불구하고'가 붙는다.

명사는 받침으로 마치면 '-인데도 불구하고', 받침으로 안 마치면 'ㄴ데도 불구하고, -인데도 불구하고'가 붙는다.

[사용]

(1) 제시한 상황이 기대와 다른 결과를 나타낸다.

예 가: 공부를 열심히 하는데도 불구하고 성적이 오르지 않아요.

나: 너무 고민하지 마세요. 앞으로 좋아질 거예요.

가: 아버지께서는 몸이 아프신데도 불구하고 쉬지 않으세요.

나: 걱정이네요.

(2) '-(으)ㄴ/는데도'만 사용하기도 한다.

예 가: 잠을 푹 자는데도 개운하지 않아요.

나: 운동을 시작해 보세요.

(3) '-음에도 불구하고'를 사용하기도 한다.

예 가: 그 사람이 좋음에도 불구하고 아무 말도 못하겠어요.

나: 말을 하기 어려우면 편지를 써 보세요.

28 경험

목록	등급
-아/어/여 보다	초급
-(으)ㄴ적이 있다/없다	초급

28.1. 동사 + -아/어/여 보다

[의미]

말하는 이가 시도한 특별한 경험을 나타낸다.

[형태]

동사의 뒤에 '-아/어/여 보다'가 결합한 형태이다. 동사의 어간이 모음 '아, 오'로 마치면 '-아 보다'가 '아, 오'로 안 마치면 '-어 보다'가 붙는다. '하'로 마치면 '-여 보다'가 붙는다.

[사용]

(1) '-아/어/여 봤다'는 과거의 어떤 경험을 나타낸다.

> 예 가: 김치를 먹어 봤어요? 맛이 어때요?
> 나: 네, 한국 식당에서 먹어 봤어요. 조금 매웠어요.
>
> 가: 인사동에 가 봤어요.
> 나: 한국의 전통물건이 참 많지요?

(2) '-아/어/여 보다'는 현재 어떤 일의 시도를 나타낸다.

> 예 가: 이번 설날에 한복을 입어 보세요.
> 나: 네, 입어 볼게요.
>
> 가: 저는 가끔 중국 요리를 만들어 봐요.
> 나: 새로운 일을 시도하는 것은 재미있지요.

[제약]

경험을 나타냄에 있어서 주로 '시도하다'의 의미로 사용되기 때문에 '잃어버리다, 다치다, 죽다, 헤어지다' 등의 부정적인 어휘와는 쓰이지 않는다.

28.2. 동사 + -(으)ㄴ 적이 있다/없다

[의미]

과거에 어떤 경험을 했는지 하지 않았는지를 나타낸다.

[형태]

동사나 형용사 뒤에 '-(으)ㄴ 적이 있다/없다'가 결합한 형태이다. 동사, 형용사의 어간이 받침으로 마치면 '-은 적이 있다/없다'가 붙는다. 어간이 받침으로 안 마치거나 'ㄹ' 받침으로 마치면 받침 'ㄹ'이 탈락하고 '-ㄴ 적이 있다/없다'가 붙는다.

[사용]

(1) 과거에 어떤 경험을 했는지 하지 않았는지를 나타낸다. 이때의 경험은 일반적인 경험을 의미한다.

  예 가: 한국 친구를 사귀어 본 적이 있어요?
  　　나: 아니요, 아직 없어요.

  　　가: 오늘 식당에서 김치찌개를 먹었어요.
  　　나: 저도 김치찌개를 먹은 적이 있어요.

(2) '-아/어 본 적이 있다/없다'의 경험은 말하는 이의 의지를 담고 있다.

  예 가: 어느 나라가 가장 기억에 남아요?
  　　나: 영화 '스타워즈'를 찍은 터키에 가 본 적이 있는데 그곳이 가장 기억에 남아요.

(3) 경험을 나타냄에 있어서 긍정적, 부정적 상황 모두에 쓸 수 있다.

[제약]

일상적으로 매일 하는 일, 항상 하는 일 등에는 사용하지 않는다.

예) 저는 매일 잠을 잔 적이 있어요.(X)

29 허락 · 금지

목록	등급
-아/어/여도 되다	초급
-(으)면 안 되다	초급

29.1. 동사/형용사 + -아/어/여도 되다

[의미]

행동에 대한 허락을 나타낸다. 이때 '되다'는 '괜찮다, 좋다, 상관없다'의 의미이다.

[형태]

동사나 형용사 뒤에 '-아/어/여도 되다'가 결합한 형태이다. 동사나 형용사의 어간이 모음 '아, 오'로 마치면 '-아도 되다'를 '아, 오'로 안 마치면 '-어도 되다'가 붙는다. '하'로 마치면 '-여도 되다'가 붙는다.

[사용]

(1) 행동에 대한 허락을 나타낸다. 질문, 대답 모두 '-아/어/여도 되다'의
사용이 가능하다.

> **예** 가: 담배를 피워도 됩니까?
> 나: 이곳은 흡연구역이니 담배를 피워도 됩니다.
>
> 가: 박물관에서 사진을 찍어도 돼요?
> 나: 네, 사진을 찍어도 돼요.

(2) 조건이나 허용을 나타낸다.

> **예** 가: 자동차가 작아도 돼요?
> 나: 네, 저 혼자 탈거니까 작아도 괜찮아요.

(3) 대답으로 '-(으)면 안 되다'를 쓸 수 있다.

> **예** 가: 여기에 주차해도 돼요?
> 나: 이곳에 주차하면 안 돼요.

29.2. 동사/형용사 + -(으)면 안 되다

[의미]
행동에 대한 금지를 나타낸다.

[형태]
동사나 형용사 뒤에 '-(으)면 안 되다'가 결합한 형태이다. 동사, 형용사
의 어간이 받침으로 마치면 '-으면 안 되다'가 붙는다. 어간이 받침으로
안 마치거나 'ㄹ' 받침으로 마치면 '-면 안 되다'가 붙는다.

[사용]

(1) 행동에 대한 금지를 나타낸다. 질문, 대답 모두 '-(으)면 안 되다' 의 사용이 가능하다.

> **예** 가: 이곳에서 사진을 찍으면 안 돼요?
>   나: 네, 사진을 찍으면 안 돼요.
>
>   가: 왜 담배를 피우면 안 됩니까?
>   나: 이곳은 금연구역이므로 담배를 피우시면 안 됩니다.

(2) 조건이나 허용을 나타낸다.

> **예** 가: 자동차가 작으면 안 돼요?
>   나: 네, 가족과 함께 탈 거니까 작으면 안 돼요.

(3) 긍정과 부정의 질문과 대답에 주의한다.

> **예** ■ 긍정의 질문
>   가: 이 음식을 먹어도 돼요?
>   나: 네, 먹어도 돼요.
>   아니요. 먹으면 안 돼요.
>   ■ 부정의 질문
>   가: 이 음식을 먹으면 안 돼요?
>   나: 아니요. 먹어도 돼요.
>   네, 먹으면 안 돼요.

30	판단

목록	등급
-아/어/여 보이다	중급
-(으)ㄹ 만하다	중급

30.1. 형용사 + -아/어/여 보이다

[의미]

말하는 이가 어떤 상황이나 물건 등에 대한 느낌을 나타내는 표현이다.

[형태]

형용사 뒤에 '-아/어/여 보이다'가 결합한 형태이다. 형용사의 어간이 모음 '아, 오'로 마치면 '-아 보이다'가 '아, 오'로 안 마치면 '-어 보이다'가 붙는다. '하'로 마치면 '-여 보이다'가 붙는다.

[사용]

상황이나 물건에 대한 느낌을 나타낸다.

> 예) 가: 저 가방이 어때요?
> 나: 비싸 보여요.
>
> 가: 마리아 씨, 기분이 좋아 보여요.
> 나: 네, 오늘이 제 생일이에요.
>
> 가: 이 빵이 맛있어 보여요.
> 나: 저도 먹고 싶어요.

30.2. 동사/형용사 + -(으)ㄹ 만하다

[의미]

상황이 일어날 가능성이 있거나 그만한 행동을 할 가치가 있다고 판단함을 나타낸다.

[형태]

동사 뒤에 '-(으)ㄹ 만하다'가 결합한 형태이다. 동사 어간이 받침으로 마치면 '-을 만하다'가 붙는다. 동사 어간이 받침으로 안 마치거나 'ㄹ' 받침으로 마치면 '-ㄹ 만하다'가 붙는다. 이때 'ㄹ'은 탈락한다.

명사는 받침의 제약이 없이 모두 '-만하다'가 붙는다.

[사용]

(1) 상황이 일어날 가능성이 있음을 나타낸다.

    예) 그 사람이 열심히 노력했으니까 승진할 만해요.

(2) 그만한 행동을 할 가치가 있음을 나타낸다.

    예) 설악산은 가 볼 만해요.

[속담 및 관용구 표현]

    예) 배가 남산만하다.
        월급이 쥐꼬리만한다.

31 제안

목록	등급
-(으)ㄹ까요?	초급
-(으)ㄹ래요?	초급
-아/어/여 드릴까요?	초급

31.1. 동사 + -(으)ㄹ까요?

[의미]

말하는 이가 상대방에게 행동을 '함께 하자'는 제안을 나타낸다. 이때는 말하는 이의 생각이 상대방의 생각보다 강하다.

[형태]

동사나 형용사 뒤에 '-(으)ㄹ까요?'가 결합한 형태이다. 동사, 형용사의 어간이 받침으로 마치면 '-을까요?'가 붙는다. 어간이 받침으로 안 마치거나 'ㄹ' 받침으로 마치면 받침 'ㄹ'이 탈락하고 '-ㄹ까요?'가 붙는다.

[사용]

(1) 말하는 이가 상대방에게 행동을 '함께 하자'는 제안을 나타낼 때 사용한다.

　　예 가: 주말에 같이 영화를 볼까요?

　　　　나: 네, 좋아요. 영화 같이 봐요.

(2) 상대방의 의사를 확인하는 경우에 사용한다. 이 경우 상대에게 반드시 '함께 하자'는 의미는 아니다.

> **예** 가: 무엇을 주문할까요?
> 나: 저는 커피를 마실게요.

[확장]

추측의 의미로도 사용한다. 이때는 주어가 3인칭이다.

> **예** 가: 올해는 벚꽃이 언제 필까요?
> 나: 날씨가 따뜻하니까 작년보다 일찍 피겠지요.

31.2. 동사 + -(으)ㄹ래요?

[의미]

말하는 이가 상대방에게 '함께 하자'는 제안을 나타낸다. 이때 상대방의 생각에 대한 배려가 들어 있다.

[형태]

동사나 형용사 뒤에 '-(으)ㄹ래요?'가 결합한 형태이다. 동사, 형용사의 어간이 받침으로 마치면 '-을래요?'가 붙는다. 어간이 받침으로 안 마치거나 'ㄹ' 받침으로 마치면 받침 'ㄹ'이 탈락하고 '-ㄹ래요?'가 붙는다.

[사용]

(1) 말하는 이가 상대방에게 '함께 하자'는 제안을 나타낼 때 사용한다.

> **예** 가: 우리 영화 보면서 콜라도 마실래요?
> 나: 네, 좋아요.

(2) 상대방의 의사를 확인하는 경우에 사용한다. 이 경우 상대에게 반드시 '함께 하자'는 의미는 아니다.

> 예) 가: 여기 메뉴판이 있어요. 뭐 먹을래요?
> 나: 저는 순두부찌개를 먹을래요.

(3) 상대방이 웃어른이나 지위가 높은 사람의 경우는 '-시+ㄹ래요?'를 사용한다.

> 예) 가: 할머니, 집에 가실래요?
> 나: 응. 이제 가고 싶어.

[비교]

-(으)ㄹ래요?'와 '-(으)ㄹ까요?'는 바꿔 쓸 수 있다. 그러나 '-(으)ㄹ래요?'는 상대방에 대한 배려가 더 크며, '-(으)ㄹ까요?'는 말하는 이의 생각이 더 강하다.

> 예) 미나 씨, 뭐 먹을래요?
> 글쎄. 오늘은 뭐 먹을까?

31.3. 동사 + -아/어/여 드릴까요?

[의미]

말하는 이가 상대방에게 필요한 것을 먼저 제안할 때 사용한다.

[형태]

동사의 뒤에 '-아/어/여 드릴까요?'가 결합한 형태이다. 동사의 어간이 모음 '아, 오'로 마치면 '-아 드릴까요?'가 '아, 오로 안 마치면 '-어 드릴까요?'

가 붙는다. '하'로 마치면 '-여 드릴까요?'가 붙는다.

[사용]

(1) 말하는 이가 상대방에게 필요한 것을 먼저 제안할 때 사용한다.

> 예 가: 제가 사진을 찍어 드릴까요?
> 나: 네, 감사합니다.
>
> 가: 재미있는 영화가 있는데 표를 예매해 드릴까요?
> 나: 정말요? 고마워요.

(2) 말하는 이의 제안이 필요 없으면 거절의 표현으로 '아니요. 괜찮습니다.' 정도를 사용한다.

> 예 가: 가방이 무거워 보여요. 들어 드릴까요?
> 나: 아니요, 괜찮아요.

32 봉사

목록	등급
-아/어/여 주다	초급

32.1. 동사 + -아/어/여 주다

[의미]

다른 사람을 위하여 어떤 행위를 하는 봉사를 나타낸다.

[형태]

동사의 뒤에 '-아/어/여 주다'가 결합한 형태이다. 동사의 어간이 모음 '아, 오'로 마치면 '-아 주다'가 '아, 오'로 안 마치면 '-어 주다'가 붙는다. '하'로 마치면 '-여 주다'가 붙는다.

[사용]

(1) 다른 사람 위하여 어떤 행위를 하는 봉사를 나타낸다.

> 예 가: 오늘이 어버이 날이지요?
> 나: 그래서 저는 부모님께 카네이션을 달아 드렸어요.
>
> 가: 동생과 무엇을 했니?
> 나: 동생에게 휴대전화 사용법을 알려 주었어요.
>
> 가: 친구가 가방을 들어 주었어요.
> 나: 좋은 친구이군요.

[주의]

윗어른께는 '주다'의 높임인 '드리다'를 사용한다. 이와 반대로 윗어른이 나에게는 '주시다'를 사용한다.

- 나 → 윗어른 : 부모님을 도와 드리다.
- 윗어른 → 나 : 할머니께서 옷을 입혀 주신다.
- 나 → 친구 : 친구에게 책을 빌려 주었다.

[확장]

(1) 말하는 이가 상대방에게 부탁할 때 사용한다.

예 가: 지금 뭐 해요?

나: 강아지를 잃어버려서 찾고 있어요. 강아지를 좀 찾아 주세요.

가: 날씨가 덥지요?

나: 너무 더워요. 에어컨 좀 켜 주세요.

(2) 공식적인 자리에서는 '-아/어/여 주십시오'로 사용한다.

예 여러분, 모두 자리에 앉아 주십시오.

도서관에서는 조용히 해 주십시오.

33 비교

목록	등급
-보다	초급

33.1. 명사 + -보다

[의미]

두 가지 이상을 비교하여 둘 중 더 마음에 드는 하나를 선택함을 나타낼 때 사용한다.

[형태]

명사의 뒤에 '-보다'가 결합한 형태이다. 어간 받침의 제약이 없이 모두 '-보다'가 붙는다.

[사용]

(1) 둘 중 더 마음에 드는 하나를 선택함을 나타낸다.

> 예 가: 사과와 수박 중에 무엇을 먹을래요?
> 나: 저는 사과보다 수박을 더 좋아해요.
>
> 가: 제주도는 서울보다 공기가 깨끗해요.
> 나: 맞아요. 서울은 자동차가 너무 많아요.

(2) '-보다'의 뒤에 동사가 올 때 꾸며주는 말을 반드시 쓴다.

- '-보다 + 동사'의 결합 형태
  -보다 + (더, 조금, 일찍, 천천히, 자주, 못 등) + 동사

> 예 저는 동생보다 일찍 학교에 가요.(O)
> 저는 동생보다 학교에 가요.(X)

(3) '-보다'의 뒤에 형용사가 올 때는 꾸며주는 말을 생략할 수 있다.

- '-보다 + 형용사'의 결합 형태
  -보다 + (더, 조금, 일찍, 천천히, 자주, 못 등) + 형용사

> 예 저는 동생보다 예뻐요.(O)
> 저는 동생보다 더 예뻐요.(O)

(4) '-보다'는 '-에 비해'로 바꿔 쓸 수 있다.

> 예 저는 동생보다 키가 작아요.
> = 저는 동생에 비해 키가 작아요.

34 강조

목록	등급
-(으)ㄴ/는지 알다/모르다	중급

34.1. 동사/형용사 + -(으)ㄴ/는지 알다/모르다

[의미]

앞의 내용을 강조하는 표현으로 막연한 의문을 나타내기도 한다.

[형태]

동사나 형용사 뒤에 '-(으)ㄴ는지 알다/모르다'가 결합한 형태이다. 동사 어간의 제약이 없이 모두 '-는지 알다/모르다'가 붙는다. 'ㄹ' 받침으로 마치면 받침 'ㄹ'이 탈락하고 '-는지 알다/모르다'가 붙는다.

형용사는 어간이 받침으로 마치면 '-은지 알다/모르다'가, 받침으로 안 마치거나 'ㄹ' 받침으로 마치면 받침 'ㄹ'이 탈락하고 '-ㄴ지 알다/모르다'가 붙는다.

명사는 받침으로 마치면 '-인지 알다/모르다'가, 받침으로 안 마치면 '-ㄴ 지 알다/모르다, -인지 알다/모르다'가 붙는다.

[사용]

(1) '모르다'와 결합하는 경우는 앞의 내용을 강조하는 표현이다. 주로 '얼마나 -(으)ㄴ/는지 모르다'의 형태로 사용한다.

예〕 가: 벌써 올해도 한 달이 지났어요.

나: 시간이 얼마나 빠른지 몰라요.

(2) 막연한 의문을 나타낸다.

예〕 가: 그가 어떤 책을 읽는지 알아요?

나: 글쎄요. 저는 모르겠는데요.

[확장]

'-는지도 모른다'의 형태로 사용하여 추측의 의미를 나타낸다.

35 제거

목록	등급
-아/어/여 버리다	중급

35.1. 동사 + -아/어/여 버리다

[의미]

어떤 상황이 완료되어 아무것도 남지 않았음을 나타내거나 마음의 부담이 없어졌음을 나타낸다. 그리고 아쉬움을 나타내기도 한다.

[형태]

동사의 뒤에 '-아/어/여 버리다'가 결합한 형태이다. 동사의 어간이 모음 '아, 오'로 마치면 '-아 버리다'가 '아, 오'로 안 마치면 '-어 버리다'가 붙는다. '하'로 마치면 '-여 버리다'가 붙는다.

[사용]

(1) 어떤 상황이 모두 끝나서 아무것도 남지 않았음을 나타낸다.

> 예) 가: 식탁 위에 있던 케이크는 어디 있어요?
>
> 나: 조금 남아서 제가 다 먹어 버렸어요.

(2) 어떤 상황이 모두 끝나서 마음의 부담이 없어졌음을 나타낸다.

> 예) 가: 일을 다 끝내 버려서 날아 갈 것 같아요.
>
> 나: 부러워요. 저는 아직 해야 할 일이 남았어요.

(3) 어떤 상황이 모두 끝나서 아쉬움을 나타낸다.

> 예) 가: 어머, 아직도 버스를 기다리세요?
>
> 나: 휴대전화를 보다가 버스를 놓쳐 버렸어요.

36	기타

목록	등급
아무 + -(이)나	초급
아무 + -도	초급
-에 관해서	초급

36.1. 아무+(이)나

[의미]

사람이나 사물을 나타낼 때 여럿 중의 하나로 불특정한 것을 나타낸다. 아무 데나, 아무것이나, 아무 때나, 아무나 등의 표현으로 사용한다.

[형태]

'아무 + (이)나'는 '아무 +데나, 아무 + 것이나, 아무 + 때나, 아무 + 나' 등으로 나타난다.

[사용]

사람이나 사물의 불특정한 것을 나타낸다.

> 예 가: 마리아 씨, 밤에 여기 저기 아무 데나 다니지 마세요. 위험해요.
> 나: 네, 알겠어요
>
> 가: 배 고픈데 빨리 아무것이나 먹어요.
> 나: 아무리 배가 고파도 아무거나 먹을 수는 없어요.

가: 가을이 되니 외로워요.

나: 외롭다고 아무나 만나면 안 돼요.

가: 우리가 친한 친구라도 밤이건 새벽이건 아무 때나 전화하면 곤란해.

나: 미안해. 난 그냥 잠이 안 와서. 친하면 아무 때나 전화해도 괜찮다고 생각했어.

36.2. 아무+도

[의미]

사람이나 사물을 나타낼 때 불특정한 것을 나타낸다. '아무 데도, 아무 것도, 아무 때도, 아무도' 등의 표현으로 사용되며 뒤에는 부정의 의미가 온다.

[형태]

'아무 + 도'는 '아무 +데도, 아무 + 것도, 아무 + 때도, 아무 + 도' 등으로 나타난다.

[사용]

사람이나 사물의 불특정한 것을 나타내며 뒤에는 부정문이 나타난다.

예 가: 집에 어른 계세요?

나: 아니요. 아무도 안 계세요. 모두 외출하셨어요.

가: 시험 시간에는 아무 데도 가면 안 돼요. 그리고 아무것도 말하면 안 돼요.

나: 네, 알겠습니다.

가: 저 로또에 당첨됐어요.

나: 어머! 진짜요?

가: 비밀이니까 아무에게도 이야기하면 안 돼요.

36.3. 명사 + -에 관해서

[의미]

어떤 상황이나 상태, 사물을 대상으로 뒤의 문장이 그것에 대해 생각하거나 행동하는 등 관계하고 있음을 나타내는 표현이다.

[형태]

명사 뒤에 결합한 '-에 관해서'는 '-에 관해서, -에 관해'의 형태로 나타난다.

[사용]

(1) 어떤 상황이나 상태, 사물에 관계하고 있음을 나타낸다.

예 가: 점점 나이가 드니 삶에 관해서 생각이 많아져요.

나: 저도 그래요. 어떻게 사는 것이 가치 있는 삶일까요?

가: 오늘은 건강에 관하여 각자의 의견을 이야기해 봅시다.

나: 그럼 제가 먼저 건강에 관한 생각을 이야기 하겠습니다.

(2) '-대해서(대하여=대해)'로 나타낼 수도 있다.

예 가: 요즘 BTS의 노래가 인기가 많습니다.

BTS에 대해서 어떻게 생각하십니까?

나: 저는 BTS에 대하여(대해) 세계적인 가수라고 생각합니다.

| 참고문헌 |

강현화 외(2017), 『한국어 유사 문법 항목 연구』, 한글파크.

고영근·구본관(2018), 『쓰기·말하기 향상을 위한 모든 한국어의 문형』, 집문당.

고영근·구본관(2008), 『우리말 문법론』, 집문당.

국립국어원(2005), 『외국인을 위한 한국어 문법 1,2』, 커뮤니케이션북스.

_____(2007), 『여성결혼이민자를 위한 한국어 첫걸음』, 역락.

권재일(1994), 『한국어 문법의 연구』, 도서출판 박이정.

김광해 외(2008), 『국어지식탐구』, 도서출판 박이정.

김서형(2012), 『한국어 의도성표현의 교육』, 한국문화사.

김정화 외(2002), 『한국어 속담 100, 관용어 100』, 국제교육진흥원.

김진호, 정영벽(2010), 『외국인을 위한 한국어 문법』, 역락.

김진호(2010), 『외국인을 위한 한국어 문법1』, 박이정.

_____(2010), 『외국인을 위한 한국어 문법2』, 박이정.

김하수 외(2009), 『한국어교육을 위한 한국어 연어사전』, 커뮤니케이션북스.

_____(2009), 『한국어교육을 위한 한국어 연어목록』, 커뮤니케이션북스.

남기심·고영근(2011), 『표준국어 문법론』, 탑출판사.

도원숙 외(2006), 『외국인을 위한 쉬운 한국어 문법』, Language plus.

민현식(1999), 『국어 문법 연구』, 역락.

_____(2001), 『국어 정서법 연구』, 태학사.

박덕유(2009), 『학교 문법론의 이해』, 도서출판 역락.

_____(2010), 『외국인을 위한 한국어』, 박문사.

_____ 외(2012), 『한국어 학습자를 위한 문법교육 연구』, 박문사.

_____ 외(2013), 『한국어 문법의 이론과 실제』, 박문사.

_____(2012), 『중세국어문법의 이론과 실제』, 박문사.

_____(2016), 『한국어학의 이해』, 한국문화사.

_____(2019), 『외국어로서의 한국어학』, 역락.

박영순(2002), 『한국어문법교육론』, 박이정.

백봉자(2007), 『외국어로서의 한국어 문법 사전』, 도서출판 하우.

_____(2013), 『한국어 문법 어떻게 가르치는가?』, 도서출판 하우.

서경숙(2007), 『7일만에 끝내는 한국어 입문』, Language plus.

이관규(2002), 『학교문법론』, 월인.

_____(2008), 『학교 문법 교육론』, 고려대학교 민족문화연구원.

이미혜(2005), 『한국어 문법 항목 교육 연구』, 도서출판 박이정.

이은정 외(2010), 『국어 어문 규정집』, 대한교과서(주).

이익섭(2007), 『국어학개설』, 학연사.

_____(2010), 『한국어 문법』, 서울대학교출판문화원.

이주행(2011), 『알기 쉬운 한국어 문법론』, 역락.

임지룡 외(2005), 『학교문법과 문법교육』, 박이정.

_____(2010), 『문법 교육론』, 역락.

최재희(2006), 『한국어 교육 문법론』, 태학사.

하치근(2005), 『우리말 연구의 이론과 실제』, 한국문화사.

한국어문학연구소(2012), 『한국어 교육의 이론과 실제1』, 아카넷.

한재영 외(2005), 『한국어 교수법』, 태학사.

_____(2008), 『한국어 문법 교육』, 태학사.

허 용 외(2009). 『외국어로서의 한국어교육학 개론』, 도서출판 박이정.

홍종선 외(2003), 『한국어 문법론의 연구 현황과 과제』, 박이정.

국립국어원(1999), 『표준국어대사전』, http://stdweb2.korean.go.kr/main.jsp.

경희한국어 교재편찬위원회(2020), 『경희 한국어-듣고 말하기』, 초급 1 ~ 2, 경희대학교 출판문화원.

고려대학교 한국어문화센터(2008), 『재미있는 한국어1』, ~ 『재미있는 한국어6』, (주)교보문고.

김중섭 외(2011), "국제통용 한국어교육 표준모형 2단계 어휘부록", 국립국어원.

_____(2008),『한국어 초급1』 ~『한국어 고급6』, 경희대학교 출판국.

연세대학교 한국어학당(2007),『연세한국어 1』 ~『연세한국어 6』, 연세대
학교 출판부.

_____(2016),『연세 대학한국어 어휘 문법 초급』~『연세
대학한국어 어휘 문법 고급』, 연세대학교 출판부.

_____(2019),『새 연세한국어 듣기와 읽기』1-1 ~ 2-2
권, 연세대학교 대학 출판문화원.

서강대학교 한국어교육원(2007, 2008, 2010),『서강한국어 Student Book
1A, B』 ~『서강한국어 Student Book 5A, B』, 도서출판 하우.

서울대학교 언어교육원(2009),『한국어1』 ~『한국어3』, ㈜문진미디어.

성균어학원 한국어교재 편찬위원회(2006),『말하기 쉬운 한국어1』 ~『말
하기 쉬운 한국어6』, 성균관대학교 출판부.

이수미 외(2018),『성균 한국어』 말하기 · 듣기 · 쓰기 · 읽기 1~2, 성균관대학교
한국어학당.

이화여자대학교 언어교육원(2006),『말이 트이는 한국어1』 ~『말이 트이
는 한국어4』, 이화여자대학교출판부.

인하대학교 편찬위원회(2009),『인하한국어1』 ~『인하한국어4』, 인하대학
교 출판부.

최정순 외(2008),『배재한국어1』 ~『배재한국어4』 , 배재대학교 출판부.

한국방송통신대학교 평생교육원 편(2008),『외국어로서의 한국학』, 한국방
송통신대학교출판부.

_____(2009),『외국어로서의 한국어교육학』,
한국방송통신대학교 출판부.

한양대학교 국제어학원(2008, 2010),『한양 한국어1』 ~『한양 한국어3』, 한양
대학교 출판부.

| 찾아보기 |